經理人 04
Manager

協合力
——中衛體系提升企業經營綜效

中衛發展中心總經理　蘇錦夥　著

臺灣商務印書館　發行

作者簡介

蘇錦夥

　　亞洲理工學院工業工程與管理碩士，曾任中鋼建廠工地主任、台灣機械公司品管生管主管，並首開我國焚化廠維修建造業務。通過甲等特考後，調經濟部工業局副組長並兼任中衛小組執行秘書，隨後籌組成立中衛發展中心、並曾任產業電子化運籌管理學會理事長。現任中衛發展中心總經理，致力於中衛制度、地方商圈和創意生活產業之規劃、推廣與輔導，以及海外友邦國家產業政策和體系輔導顧問。

　　近三十年來，作者除本身工作的投入外，經常利用公暇，熱心參與工業工程、品管、自動化、全面生產管理等各種學(協)會會務的推動，致力於產業的轉型及升級；也經常以中、英文在各種刊物上，撰述為文發表意見，並著有《品管圈活動》、《合作優勢》等書。

主編簡介

徐桂生

　　文化大學新聞系畢業，任職《經濟日報》35 年，副刊組主任二十年，其所規劃之〈經濟副刊〉，多年來引介國內外管理新知五千餘萬言，輯編經營管理書籍逾百冊，影響力深遠。

作者序

　　當國際化、自由化、多角化的企業發展型態，已經逐漸影響到全球每一個角落，不論業者在何處、何國生產製造，都不能再懷著以往抱殘守缺的心態，必須積極面對，否則將再也無法迎向自由市場浪潮所肇致的強大衝擊。回顧台灣過去產業發展的模式，肇始於原廠委託製造（OEM；Orignal Equipment Manufacturers）生產型態，國內產業界藉由垂直、水平體系的整合效應，建構出頗具宏效的產銷合作網絡，進而達到生產所冀求的產業規模。

　　事實上，產業的繁榮發展所倚靠的是產業自己的團結與共識，藉由彼此互相扶持，才能生生不息屹立不搖。在產業發展的歷史軌跡中，可以清楚看出當今產業發展的要素之一，便是產業合作所展現出的可觀競爭力。產業合作的型態是多元化的，包含各式各樣的整合運作，不過不論採行何種型態，其成功關鍵取決於兩種均衡，即利益與專業的均衡。前者取決於產業之競爭型態及附加價值的多寡；後者取決於規模經濟與分工效益的良窳，只要在推動時，事先能針對合作利基作出良好規劃，則參與合作的企業體系便能在互惠互利、共存共榮的前提下，相互結合成為一個結構緊密的中衛產銷體系。

中衛中心自 1990 年起，接受工業局的委託，咸命執行構築國內各產業的中衛體系，中衛中心一本「成人之美」的服務精神，兢兢業業的致力於推動和建構國內優質的產業合作網絡。台灣各體系產業也藉由這樣的產業合作網絡，創造出企業更大更新的價值，而這些價值從企業內網絡到企業間網絡的鋪陳，進而擴散到整體產業間的網絡運作，使產業網絡運作機制的預期功能，達到充分發揮和彰顯的目標。

　　產業合作的進行方式，便是經由中心廠與衛星廠緊密中衛制度的建構與運作，建立產業間相互倚賴的良好合作關係，所有參與合作的企業在都能在中衛體系的組織下，結合成為上下游的合作關係或兼具垂直與水平合作的共生關係，並透過競合機制來進行經營資源的互補，將原有個別之生產價值提升至整體供需價值，進而創造出統合之研發、製造、管理、行銷同步的營運體系，藉此協同合作強化企業的經營體質，創造出整體系的強大競爭力。

　　回顧過去台灣中衛體系二十年的發展歷程，中衛中心無不深耕易耨的在各產業間奔走努力，扮演催生的角色，並進行各項資訊提供、整合、輔導、培訓及居中協調推動，經過長期以來的扎根和努力，終於使得國內各個產業體系有如雨後春筍般的興起，信任關係的強化和改善方案的持續執行使得台灣各產業體系在國際商戰中取得相當的競爭優勢。

　　中衛中心在協助推動台灣產業提升國際競爭力的過程中，係以鏈接方式加速企業轉型、升級，強化經營體質，達到合作綜效為目的。透過長期整體輔導的方式，先強化中心廠體質，輔導其成長茁壯，進而幫助其相關衛星廠商以合作理念共存共榮，發揮團結力量大的團隊精神，以達永續經營之目的。

　　台灣中衛制度的推動，中心廠扮演著關鍵角色，因衛星廠大多為中小企業，在產、銷、研、發、財各方面都較為薄弱，由於中心廠在人力、管理、技術都較具規模，且對協力廠具有交易上的約束力，因此在中衛制度推動順序上，往往先由中心廠體質的強化著手，再推展至衛星廠。中衛中心十幾年來在輔導中心廠強化體質的過程中，不斷累積經驗與技術，同時發展出一套檢視企業體質與輔導的模式，依著企業體質情況，建議適合的輔導手法，再逐步擴展至全體系。

　　本書出版主要目的在闡述中衛制度在各產業推動的過程與成果，並期能彰顯出中衛體系的推動，對台灣產業發展得以恢弘發展的重要角色。

　　近幾年來，先進國家的經濟發展已由知識型經濟轉換為體驗型經濟，產業在歷經劇烈變革與考驗後，亟需尋出新的方向。政府為協助業者提高競爭力，以重塑產業經濟的優勢，在未來發展重點計畫中，將「文化創意產業」列為施政重點工作之一，並將「創意生活產業發展計畫」列為其中一項子計畫，

藉此推動國內各級產業向上延伸，使其具有更深層的文化內涵或高度創意的結合。

創意生活產業發展計畫由中衛中心執行，主要目的在協助一般產業轉型與升級，提高就業機會，改善失業問題，同時並因應消費大眾生活品味的提升，同時考量將以往致力於供給面的製造與技術提升，轉變為需求面消費市場的擴大，將往昔以生產為主的經營型態，轉向為注重消費者的學習及體驗。因此在本書最後章節，特將中衛中心近期所推動創意生活產業情形作單元性的介紹。

本書的完成得力於古秀基先生的從旁協助整理，和徐桂生先生的敦促，以及同事陳振昌、黃明哲、陳耀魁、張維華、蔡炳程、詹偉正、楊仁奇、劉應詳、黃肇義、許石城、張淑華、李瓊瑤、洪村明、吳姣蕙等提供寶貴意見，在此，謹致最高謝意。全興工業公司王孟鴻協理、田桂芬經理；中華汽車吳煒地經理，和頂新公司曹福齡副總經理協助提供各該服務單位的資料，並接受訪問，以及劉玉珍、黃梅英、周一德等，提供多年的產業知識，在此一併致謝。本書雖力求嚴謹完整，但因倉促付印，如有疏漏，尚祈海內外賢達不吝指正。

財團法人中衛發展中心總經理　蘇錦夥

目　　錄

第四章　中衛體系電子化的趨勢

第五章　創意生活產業

推薦序 ㈠

中心衛星體系讓螞蟻成雄兵

在 1982 年前後，因為石油危機，台灣經濟遭逢成長下挫的局面。那時蔣總統經國先生破除體制，把我從中鋼公司董事長任上找去當經濟部長，我到經濟部後被國家實際的經濟困境給嚇到了，跟我在鋼鐵業所看到的完全是兩碼事，一時之間讓我這經濟部新兵不知如何是好。若要循序漸進，照一般政府機關辦事方式做的話，要等結果下來恐為時已晚，除非破格辦事。幸好當時經國先生說：「只要為國家好，你去做，我都支持」，讓我能因此放手去做。

當時為改善產業經營體質，在經濟部推動數項重要政策，推動中心衛星體系是其中重要項目，體系的成立是希望一方面能救急，一方面則從根救起，並將產業加以升級，組成堅強的螞蟻雄兵勁旅。中心衛星體系也就是國人熟知的中心衛星工廠制度，鋼鐵業在當時是最早建立的。

國內鋼鐵加工業如螺絲螺帽、手工具、鋼線鋼纜等，在當時都已累積相當的技術和經驗，但皆單打獨鬥、各自為政，若能在生產品質和經營管理上再加改進，將會迅速壯大起來。因

此,中鋼公司依客戶性質不同,成立各式產銷聯誼會,雙方定期就價格、運費、品質、交期等進行討論和建議,像:

- 價格給予優惠,技術與市場拓展方面也給予協助,提供客戶爭取市場所需的材料和低價鋼品。
- 經營上,輔導改善產銷品質、財務、技術、人事等管理能力。建立專業行銷公司,鼓勵下游統一對外接單,避免銷價競爭。
- 成立第二層中衛體系,厚植金字塔產銷結構根基。
- 設立上下游體系服務中心,辦理體系巡迴服務,主動拜訪客戶,協助解決問題。嗣後更將上下游間以電子連線,與客戶間資訊互通,提高處理效率。

　　鋼鐵上下游體系,經由技術面到經營管理層面等均獲得改善,使得產品品質得到有效提升,生產成本降低,國際競爭力相對提高,鋼鐵產業金字塔體系因之形成,造船業才有低價的鋼板供應,手工具業、電腦業、洋傘業、螺絲螺帽、腳踏車業⋯⋯等,也才能稱霸世界。

　　中心衛星工廠制度原為汽車工業經營的主要型態,是以汽車裝配為中心工廠,位居上游的零組件供應商則為衛星工廠,屬於向後整合型的中心衛星體系,中鋼將這個概念延伸創新,建立以中鋼為中心工廠,下游用料客戶反為衛星工廠,是屬於向前整合型的中心衛星體系。

　　台灣經濟以中小企業為主體,又是以外銷為導向,面對產

業困境，廠商數量雖多，卻如散沙，無力抗衡。一九八〇年代初期，政府曾希望用「合併」的方式，鼓勵中小企業合併成具經濟規模的大公司，來跟國際大公司一較長短。然由於國人寧爲雞首、不爲牛後的文化習性，合併政策胎死腹中。於是在我派人對美、日中衛體系做一番研究後，便決定改採「以合作取代合併」的產業發展基調，建立有別於美、日或歐洲的金字塔型中心衛星工業體系，將「家族企業」轉換爲「企業家族」，以維持台灣企業特有的創業精神與彈性。因爲不管是哪國方式，對中國人都不管用，只有讓大家做老大，上面再加個「總」字，彼此才有合作可能。

　　很多開發中國家羨慕台灣經濟發展經驗，紛紛學習台灣的優惠措施以鼓勵產業發展，但發展都不如台灣，原因即在於他們沒有台灣的「中衛制度」，因爲它保有了中小企業的彈性與速度，並兼具大企業的規模優勢。（劉玉珍整理）

　　　　　　　　　　　　前經濟部長　趙耀東

推薦序 ㈡

深化小而美・小而強的台灣企業特色

在世人眼中，台灣毫無疑問的是一個出口導向的經濟發展典範，過去半世紀，由於政府正確的政策領導，與民間的胼手胝足、奮鬥不懈，創造了世所矚目的經濟奇蹟。特別是在製造業方面，台灣企業足以自豪的高度彈性及快速反應能力，在國際供應鏈上扮演著舉足輕重的角色。

我們深信台灣企業之所以能夠在國際舞台上盡情揮灑，並成為全球的生產重鎮，其關鍵要素就是「團結力量大」精神的真實體現，這種結合了產業智慧與信任關係，以整體厚實的力量，提供更快速、更好、更便宜的產品，堅實地鞏固 MIT（Made in Taiwan）在國際市場上的地位，進而維繫持續繁榮的經濟成果於不墜。

台灣產業有今天的成果，並能以小搏大，快速回應世界市場需求，其中，「中衛制度」扮演了相當重要的角色，依據不同產業的需求特性，結合上、中、下游的企業，形成一個以中心廠為核心，衛星廠為夥伴的共存共榮體系。經由這種中衛體系運作的各個廠商，彼此通力合作、資源互補，再加上中衛中

心適時地扮演支援統合的協助角色，一方面為業界引進國外先進的管理技術，改善企業經營體質，同時建構一套管理同步及生產同步的協同機制，充分展現了企業整體高效率的運籌佈局與競爭能力。就因為我們能成功且有效地運用中衛體系分工與合作的特質，產業界所冀求的規模經濟與範疇經濟效益，才能快速如期達成。

在過去台灣的經濟成長軌跡中，中衛體系十足地改變了企業單打獨鬥的競爭型態，也改變了企業經營觀念－由「家族企業」變成了「企業家族」，讓合作取代對抗，讓分享取代猜忌，迅速達成企業轉型及升級的目標。更因為中衛體系各成員的相互提攜與資源共享，充分發揮了「一加一大於二」的合作綜效，深度強化了小而美、小而強的台灣企業特色，也因此彰顯與擴大台灣製造業在全球的影響力。

中衛制度伴隨台灣產業一起成長，迄今（2004 年）已滿二十週年。就人生的歷程而言，二十歲已是心智成熟的年齡，產業的發展週期亦復相同，未來除再精實以往的生產網絡外，若以宏觀眼光衡諸內外經濟發展的環境，進一步推動體系電子化、知識化與全球化這三大主軸，無庸置疑將是未來企業存續、發展、躍進的重要方向。

過去，中衛中心的全體同仁發揮專業樂業的服務精神所展現「成人之美」的崇高使命感，深受業界的推崇。尤其是帶引

國內中衛制度，步向更臻良善圓融發展的蘇總經理錦夥先生，特以此專書來敘明台灣此獨具一格的中衛制度，並請個人為序，深感榮幸。這本書亦是這十數年來，中衛中心與業界為台灣經濟成長打拼的一個見證，我個人認為這的確是一本值得推薦給大家分享的好書。

經濟部次長　尹啓銘

推薦序㈢

互信公平的合作網絡

競爭劇烈是全球所有企業面臨的共同現象，如何尋求生存、成長與發展乃是各國政府與所有企業所迫切想要找到的答案。

因此，競爭優勢的建構成爲管理學術界與企業界策略思考的重大課題。管理學術界的策略理論(學說)很多、範圍廣泛、內容豐富，但有用的洞察力較低，倒不如實務性的策略──廣泛應用於眞實狀況的洞察力來的實用。

實務性競爭優勢的建構包括：定價、差異化、利基、垂直與水平整合、科技融合、產業融合、組織設計與經營範疇、產品壽命週期、跨功能與跨組織網絡、浮動工廠與市場、品牌、速度、彈性化(包括模組化)、服務、創新，以及合作網絡等。

不同產品、不同企業自有不同的願景與策略，而前述合作網絡的理論基礎則是共謀與卡特爾(Cartels)，目的是要掌控市場、追求更大的利潤、懲罰有錯誤行爲的合作夥伴、從失敗與錯誤中復原等。雖然初期側重於價格合作，但合作的範圍逐漸擴及企業間各方面的互動，諸如：

- 新產品設計
- 設定作業標準
- 建立品牌並推廣這些品牌
- 建構中心衛星制度（垂直合作的成份較大）的生產體系
- 游說政府通過或反對某些法規的設立
- 游說政府對進、出口關稅的保護與減免
- 游說政府對道路、航空站、通訊、海港、研發等基礎設施的建立
- 設計、供應、生產、需求鏈的建構、使商流、物流、資訊流與金流的前置時間縮短、成效提高
- 電子商務(B2B、B2C)的發展

　　合作網絡本身是建構合作優勢非常重要的策略，而事實上，它也涵蓋前述幾乎所有的競爭優勢。在時間、空間、產業領域及地理區域都產生既深且廣的效應。

　　中心衛星制度是當今合作網絡的擴大定義，非常敬佩 1980 年代初期，經濟部趙耀東部長深謀遠慮，很有見識的把豐田汽車的中心衛星體系引進國內，並且成立中衛發展中心，交由該中心實際去建立及推廣中衛制度，對國內許多產業的競爭力發揮持久的影響力，對經濟的發展有莫大的貢獻。

　　作者蘇錦夥先生，現任中衛中心的總經理。他是一位既有才氣又有執行力的人物，他在甲等特考及格後，未再繼續留在

官場發展,而一頭栽進那時剛設立的中衛中心。二十年來,蘇先生以他經營管理的專業努力去推動,並落實中衛制度,逐步導入到更多的產業,使許多中衛體系獲得豐碩的經驗與成果,更進一步移植到大陸的台商。他的努力、敬業與貢獻,尤其是在中衛制度的實戰經驗上,他在國內可以說不作第二人想。

　　這本著作是作者經驗的結晶,能讓人充分了解中衛制度發展的來龍去脈、在不同產業的擴大推廣、兩岸經驗的移植、中衛制度新增的內涵與能量的蓄積,從這本書的內容裡面,在在可以看到作者的智慧、知識、經驗與洞察力,隨中衛中心的成長而成長。

　　中衛體系並未過時,相反的,在互信與公平的價值分享下,它有新的面貌,新的內容與新的作為,對建構未來台灣產業的競爭力有其不可忽視的力量。由於這本書具有鑑往知來的作用,故特為之序。

國家品質獎評審小組召集人　林英峰

推薦序 ㈣

台灣產業合作網絡演化史

　　台灣產業透過合作網絡將一群中小企業集結成一股大力量，得以在國際經貿舞台上和世界級的知名企業相抗衡，這種獨特的管理經驗值得吾人珍惜。

　　合作網絡是一種組織關係，需透過一個良好的機制才能「建立並維持網絡，同時促進資源的交換與整合，提升企業的經營綜效。」個人將這個機制稱作「產業經理」，它可以指個人或小組。

　　本書記錄中衛制度的推動經驗，它不僅完整記錄台灣產業合作網絡的演化歷史，同時清楚呈現產業經理的角色與功能，是一本讀來有趣、又有深廣意義的企管書籍。

　　　　　　政治大學商學院院長（兼任創新與創造系中心主任）

推薦序(五)

開創台灣經濟永續經營的契機

　　隨著國際化與全球化，企業經營雖獲得許多資源，同時亦面臨更多的挑戰，但在中衛中心艱辛開拓，從無到有、從陌生到熟悉，滴滴汗水構築國內各產業「中衛制度」，大力推動國內優質產業合作平台，促使企業體系在互惠互利、共存共榮的前提下，相互結合，創造出企業更大的附加價值，成為一個結構緊密中衛產銷體系。

　　回顧過去中衛中心推展的篳路藍縷，透過各項資訊提供整合、輔導、培訓，協助中心廠與衛星廠之間多元化的良好利基，為企業合作的附加價值注入一股新的生命力，發揮企業最大的合作綜效，樹立了成功的典範。

　　在時代潮流的演進下，台灣已順利加入 WTO，企業面對無法抵擋的地球化潮流競爭，在順應未來的趨勢及配合政府政策的前提下，應加強國際人才的培育及建立國際企業經營模式，以國際分工尋求降低企業成本，並應廣泛運用自動化、電腦及網路科技，加強企業資源整合、知識資產的分享與再創，對內能達成企業再造，提升作業效率；對外能加快服務速度，掌握

消費者的生活變遷和習性，在適當的時機、適當的市場，發展出適當的產品與產業，結合社會多元化需求的趨勢，採取多角化「合縱連橫」的經營策略，以技術合作方式，充分發揮大企業及專業代工之中小企業，進行垂直、水平的整合效應及資源共享機制，以策略聯盟、國際分工等方式來研發高附加價值產品的能力，提升企業整體的競爭實力，讓企業擠入世界頂尖的舞台。

中衛中心十多年來伴隨著企業快速成長的需求，累積許多的經驗、技術及輔導方法，成為新興產業企業經營的智庫及良師。這不僅是台灣經濟發展的見證者，亦是台灣經濟永續成長、持續動力的所在。

如今中衛中心蘇錦夥總經理將歷年各產業推動的過程及成果所累積無數寶貴的經驗與心得，彙整出版《協合力——中衛體系提升企業經營綜效》一書，讓更多的中小企業在產、銷、研、發、財等方面帶來更健全的資訊智庫，增強中小企業的競爭力。清愿非常樂意將這本好書推薦給大家，也讓我們一同來分享及見證中衛中心與台灣經濟成長的永續發展，更希望它能讓企業在台灣及國際市場的舞台上創造出另一個「台灣奇蹟」。

統一企業集團董事長　高清愿

推薦序㈥

百尺竿頭更進一步

　　台灣在過去數十年來，可以說是大部分依靠著低廉的勞動成本及勤奮的工作精神，成為世界市場最重要的供應中心，在製造、工程及技術發展等各方面都具有高度的彈性及迅速的回應能力，不但逐步蓄積台灣製造產業的國際競爭優勢，更締造了令人驚羨的經濟奇蹟。回顧這段台灣經濟發展的歷程，中衛發展中心成立二十年以來持續推動的中衛制度、協助及輔導各產業的中心、衛星廠商強化品質、成本與交期等各項企業核心競爭能力，提升了台灣的企業體質與全球競爭力，確實績效卓著功不可沒。

　　近年來，中國大陸挾其豐沛的勞動力及廣大市場的消費力，逐步地取代了台灣而成為世界工廠，歐美日各國企業皆競相投資中國大陸，尤其是同文同種的台灣產業界已經將中低價位的製造業務西移彼岸，這對台灣經濟發展造成既深且遠的衝擊與影響。如何開創向上提升的新局，致力於提供更具創意的高附加價值產品，注重產品品質與消費者品味需求，並以最快速度供應全球市場，才能確保台灣企業的生存、成長與發展。

同時，在邁入知識經濟、網路潮流的時代，台灣產業必須更積極徹底的將彈性及快速的製造核心能力，進一步擴展到設計研發與產品市場行銷等各面向，始能確保企業獲得永續經營與發展的機會。中衛發展中心洞察時代變革之趨勢，近年來積極推動的各產業彼此間的協同開發設計平台，協助強化各該產業成員間的新產品開發能力，不斷地推出創新價值的高品質產品，建立了台灣產品在全球市場的競爭優勢。

今日雖已邁入二十一世紀的高度資訊化社會，台灣的中心衛星工廠制度的固有功能與效用仍然潛力無限，透過網際網路的通訊效率，更能發揮中衛制度在各產業間互動的成效，同時跨越過去製造業為重心的運作，發展到電子商務、協同管理、流通商業、城鄉發展及生活創意產業等各領域，不問業種、規模大小都可看到中衛發展中心輔導建構形成的「有機結合系統」所締造的可觀成就。蘇總經理錦夥先生將中衛制度的建立、變革與發展過程及其成效整理集結成書，為台灣產業生存與永續發展所作的努力留下珍貴的紀錄，可以反省過去以策將來，本人相信這是足以讓大家共同分享經驗的一本好書。

國瑞汽車董事長　蘇燕輝

推薦序㈦

台灣各產業重要推手

　　中衛發展中心多年來扮演台灣各產業的重要推手，為各產業之企業體質改造及產業網絡合作提供各項專業輔導，使台灣之產業發展能發揮合縱連橫之綜效，也為台灣經濟成長奠定深厚基礎。蘇總經理自民國七十年代即投身服務於中衛發展中心之前身——經濟部工業局中衛小組，一路見證中衛中心扶持台灣產業之茁壯歷程。今年適逢中衛制度推動二十週年，蘇總經理將中衛中心與台灣產業中衛體系發展之過去、現在及未來彙集呈現於本書，尤具其特殊意義。

　　本書清楚闡釋台灣中衛體系之重要觀念，並介紹台灣各產業如何成功建構中衛體系之實例，使讀者能夠充份了解中衛中心在輔導過程中，如何依據產業特性及企業需求，將目標轉換為具體策略並付諸實行。除活用垂直平行之中衛體系組織，以達成資源效能之鏈結整合外，也運用各種能夠強化企業體質之策略，如：國家品質獎、5S、TQM、TPM、BSC、6 Sigma、TPS……等，再經由輔導活動實際執行，脫離空泛的口號與標語，有效克服重重困難達成企業目標。因此，中衛中心成為幫

助企業改善體質與提升經營競爭力的重要推手。

因應台灣電腦資訊產業蓬勃發展及生產製造外移之趨勢，本書對於企業應如何因時地之宜，建構數位化全球運籌體系與改造傳統島內生產之中衛體系，以及針對企業如何全球化佈局，提出具體之策略與建言。並以近年輔導成功之企業爲例，經由理論與實務結合，描繪出台灣產業電子化與全球化之藍圖，甚具參考價值。

至於近年全球普遍興起注重休閒文化及生活美學的新生活型態，本書亦揭櫫創意生活產業之發展計畫，提出複合式經營概念，打破傳統農、商、服務產業的分界，以創意爲主軸，將休閒文化及生活美學運用到目前產業既有的生產、製造基礎上，進而提高產業活動的附加價值、促進經濟繁榮及國人休閒文化走向更高層次。

相信無論身處何種產業，閱讀本書均會產生共鳴並激發更多靈感，因此，我樂於向大家推薦本書。

英業達集團總裁　李詩欽

聯合推薦：

　　「如何讓企業在國際市場上具有競爭力」，這是政府產業政策的核心課題。產業群聚效應是台灣競爭力的主要因素，也是產業分工合作的具體展現，而中衛體系就是企業分工合作的典範，使台灣企業充分發揮彈性與快速反應的特長。

工業局局長　陳昭義

　　中衛發展中心，在蘇總經理的領導下，能結合上、中、下游廠商合作，把台灣的優點發揮到極致，甚為感念，希望未來可以把類似模式，擴大到海外以及從服務網路為主的模式，為台灣創立新的典範。

華康科技董事長　李振瀛

　　回顧台灣汽車工業在 60 年代開始發展的初期，經過政府與產業三四十年的努力，加上中衛中心盡力的輔導與訓練，一步一步建立起台灣汽車工業自己的中衛體系。如今，不管從品質、技術或管理的角度來看，中衛體系能力已漸達國際水準，為未來走向國際性整合的趨勢，奠定最具競爭力的基礎。

在蘇總經理錦夥先生領導之下，中衛中心對建立及提升台灣中衛體系的體質貢獻良多，現在蘇總將他多年參與中衛體系建構發展的經驗和體認集結成冊，以專書的型式為未來的發展方向提出精闢見解，相信台灣產業定會因此書的出版而受益。

福特六和總裁　沈英銓

中衛體系的成立和過去對企業的實質輔導，塑造了台灣現時中小企業的蓬勃發展和雄偉績效，產業各界有目共睹，金豐公司更身受其益。不僅如是，中衛更能順應現代形勢變化，迎合時代需求，配合台灣電子資訊產業的發展，擴展其輔導領域，相信經由蘇錦夥先生的智慧，匯總中衛制度推動經驗，今後當使國內產業再次於中衛的正確輔導下發展得更為快速雄猛。

金豐機器董事長　紀金標

傳產業的新光鋼鐵在中衛的指導下，全公司推動 5S、TPM、ISO 9001，解決了現場管理、機械運轉，並提升品質、掌控交期，使業績獲利提升，終能在同業中脫穎而出，同樣國內很多中小企業也是在中衛的協助下而脫胎換骨。此書是多年來中衛在蘇總領導下之成果，實值得中小企業經營之參考。

新光鋼鐵董事長　栗明德

　　中衛發展中心傾聽來自產業界的心聲及需求，經過十餘年的耕耘，除了透過中衛制度形塑了垂直整合及水平分工的聚落效應〔Cluster〕，更以 TPM、TQM、TPS 及協同管理（CM）的技術手法，協助我國提升其國際競爭力。

　　近年來，中衛制度已成為開發中國家列為輔導中小企業的重要政策，各友邦紛紛派員來我國觀摩研習。瑞典國家中小企業研究基金會在出版的《創業家精神及中小企業政策模式及趨勢——全球十大典範國家》（Patterns of Trends in Enterprenership／SME Policy of Practice in Ten Economics）一書內（台灣是唯一的入選國家），亦認為此種合作網絡，是強化競爭力的關鍵要素；對產業影響甚鉅，是我中小企業成長茁壯，達成經濟規模及範疇的精髓所在。

燦坤實業關係長　張　鈞

　　台灣創造世界經濟奇蹟，實賴各產業不斷進取提升競爭力所致，而中衛發展中心則是台灣產業躍升全世界經濟舞台的幕後推手；但企業整體競爭力的提升，須中心廠與衛星工廠齊心協力共同建置雙贏的合作體系，方能得具體成果。本公司能有今日之成就，實是建立中衛制度「由螞蟻變雄兵」的一個明證。

力山工業董事長　陳瑞榮

近年來，外國友人驚訝於台灣工業的突飛猛進，多次詢問到底是怎麼辦到的？我不假思索地回答，在眾多原因之中，功勞最大的就是「中心衛星體系」的建立，鞏固了台灣工業的基盤、提升各廠家的專業水準，並提高了工作效率，因此競爭力大增。「中衛中心」正是這個制度的推動引擎，二十年的經驗結晶深值國人回顧並據以整裝再出發。

台灣區機器工業同業公會理事長　黃博治

個人多年審查政府專案計畫的經驗，深刻地體驗到台灣企業的競爭優勢在於我們突破了單打獨鬥的困境，透過中衛體系，達成 1+1>2 的綜效。中衛制度讓中小型的衛星工廠搭上中心廠，形成具戰鬥力的團隊，發揮以小搏大的群聚效應。這本二十年的寶貴經驗談，頗值業界人士細讀。

中山大學企管系教授　盧淵源

第一章

話說中衛制度源流

台灣建立中衛制度的面面觀

「中衛制度是個寶」，外國人比國人有更深的感受！曾經在一次東南亞國協(ASEAN；Association of South East Asia Nations)次長級的聚會上，馬來西亞貿工部次長問鄰座的我國經濟部次長尹啓銘：「我們學貴國的優惠措施來鼓勵產業的發展，甚至提供更誘人的租稅減免、政府補助等條件，但發展情況卻不如貴國，這是為什麼呢？」，尹次長回答：「因為台灣有貴國所沒有的『中衛制度』，它保有了中小企業的彈性與速度，並兼具大企業的規模優勢。」這一席對話，不正好印證「中衛制度真是個寶」嗎！

既然它是個寶，我們就應該好好珍惜，不要把它搞砸了。怎樣才不會把它給砸掉？最好是能因應時代需求做妥適的調整，才能持續將之發揚光大。在探究中衛體系未來的展望之前，先來回顧一下台灣是在什麼樣的背景、環境下建立了中衛制度。

話說在 1980 年代，政府基於國內的土地與工資急遽上揚、台幣升值、環保意識抬頭，以及受到國際間高漲的貿易保護主義等壓力，急欲將台灣過去賴以生存的低附加價值之勞力密集

產業加以調整，以因應國際市場的變化與競爭日益激烈的環境，因而開始苦思如何推動產業升級這項艱鉅的工作。然而，該從何處著手、切入呢？

觀諸台灣的產業結構與環境，中小企業占全體企業總家數的比例高達 98%以上，卻創造了 45%國民所得，且雇用 55%的勞動力。可是，這些中小企業平均只有 11 個人的規模，由於規模太小，導致在研究開發、行銷與人才培育等層面，很難跟國際大企業相抗衡。政府深知我國在上述的產業結構下，國內廠商在國際市場上常顯現出「小蝦米」難敵「大鯨魚」的處境，未達生產的經濟規模，可能是國際競爭之痛，於是在 1980 年代初，曾提出「合併」的因應之道。

當時適逢全球經濟面臨衰退的危機，政府為挽救經濟困境，在衡量我國係以中小企業為主體，又係以外銷為導向的經濟結構後，乃大力推動由大企業主導的產業發展策略，就是透過租稅優惠措施，鼓勵中小企業合併成具經濟規模的大公司，來跟國際大公司一較長短。遺憾的是，由於受到國人寧為雞首、不為牛後的文化習性，以及因產業與技術應用水準不同，而難以界定經濟規模等阻力之影響，使得企業老闆合併意願低落，上述合併政策就胎死腹中了。

儘管如此，政府深覺面對國際化、自由化的世界經濟潮流，要幫企業突破困境，最佳方法就是必須結合產官整體力

量，加速促進我國工業升級與轉型，才能確保我國在國際市場的競爭力。既然「合併」之路行不通，只好另想他策。鑑於日本的產業競爭力著實令人刮目相看，奉當時擔任經濟部長的趙耀東之命，由工業局組團赴日本考察其協力體系。在到東瀛取經並深入對美日中衛體系做一番研究之後，政府決定改採「以合作取代合併」為產業發展的基調，從 1984 年起開始致力於倡導建立中心衛星工廠制度的構想，希望藉此來轉換「家族企業」成為「企業家族」，以維持台灣特有的創業精神與彈性快速反應的優勢。

在產、官、學、研界幾經研討協商，並有了上述共識後，於 1984 年 7 月 1 日成立「經濟部工業局中心衛星工廠制度推動小組」(簡稱「中衛小組」，即 CSP)，並由該小組專責推動中衛制度。「中衛制度」是中心工廠與衛星工廠彼此以相輔相成、共存共榮的理念，所形成多層化的金字塔型中衛組織結構，進行經營同步、管理同步、生產同步的群體合作，進而健全產銷體系，增進整體的對外競爭力。中衛制度是台灣經濟發展的一個重要模式。

中衛小組，是以推動與建立中心衛星工廠體系（簡稱中衛體系）為主要任務，強調由中心廠將其所屬衛星廠予以組織化，使這些衛星廠能長期、穩定地承製中心廠所需的零組件。透過中衛體系的運作模式，一來可經由中心廠的協助與契約的

要求，逐步提升衛星廠的能力；二來可使中心廠集中力量從事研發、裝配、市場開拓與檢驗等工作，如此相輔相成、共存共榮的經營理念，建立起長期合作的網絡關係和類似金字塔型的中衛組織結構，並以經營同步、管理同步、生產同步的合作力量，來健全產銷體系，進而增強全體系對外的競爭力量。

　　中衛體系態樣可分成三種——垂直合作體系、水平合作體系、共生合作體系，茲精要的說明如下：

第一類（V1 類）：

中心工廠：經由衛星廠商提供零組件組成整
　　　　　體產品者
衛星工廠：直接提供中心工廠零組件的廠商

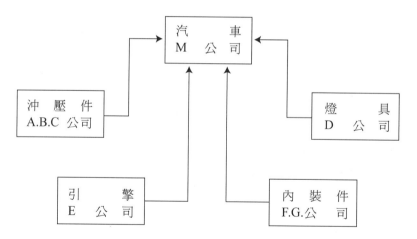

圖 1-1-1　中衛合作體系垂直後整合的 VI 類

第二類（V2 類）：

中心工廠：生產中間原料，供應給下游工廠加
　　　　　工者
衛星工廠：直接接受上、中游工廠之原料，加
　　　　　工製造最終產品之下游工廠

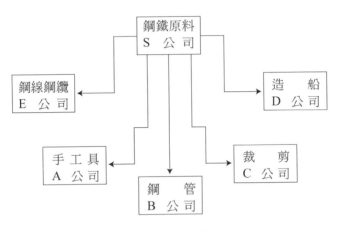

圖 1-1-2　中衛合作體系垂直前整合的 VII 類

　　其一是「垂直合作體系」，它是經由產銷分工，來達成經
濟規模效益，形成上下游廠商合作體系，這類體系又可分兩類
型。一類屬於垂直後整合的 VI 類型（見圖 1-1-1）──中心工
廠，是指經由合作的衛星廠，提供零組件來組裝成最終產品
者；衛星工廠，是指直接供應中心工廠零組件的合作廠商。另
一類則是垂直前整合的 VII 類型（見圖 1-1-2）──中心工廠，
是指為生產中間原料供給下游工廠加工者；而衛星工廠，是指

第三類（HO類）：

水平合作體系：基於互補互惠之原則，爲滿足廠商
　　　　　　　間共同需求，所建構區域性或功能
　　　　　　　性之非垂直同業或異業團體，進行
　　　　　　　資源共用，藉以創造新生利基。

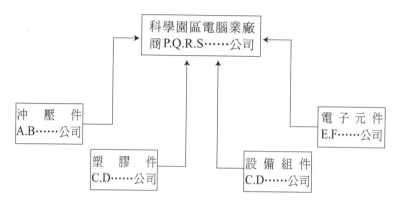

圖 1-1-3　中衛「水平合作體系」

直接購買上中游工廠的原料，加工製造成最終產品的下游工
廠。

　　其二是「水平合作體系」（HO 型）（見圖 1-1-3），這是
基於互補、互惠的原則，爲滿足體系成員間共同需求，所建構
具階段性功能的非垂直同業或異業組織，進行資源共享，來創
造新生利基，進而帶動整個體系的競爭能力。

　　其三是「共生合作體系」（CO 型），它是一種同業和異業
的合作聯盟（Diagonal Network），同時包括垂直與水平整合，

且以企業群聚（Business Clusters）與網絡（Network）型態運作。當合作網絡建構愈趨綿密，彼此間的資源共享與互補的需求也愈趨向多元化，甚至促成支援產業（Supporting Industries）的誕生。最具代表的實例是新竹科學園區內的半導體廠商，因生產、檢驗設備的大量需求，並為了解決共通零配件、整體之庫存壓力以及靈活調配，大家一起設置了資源共用中心，來扮演物流與維修的角色，甚至更進一步，結合國內精密機電中衛體系和研發單位，逐步發展半導體設備製造體系。

談完中衛體系的定義後，我們來回顧台灣中衛制度的發展沿革。中衛制度在早期推動時，只有汽車、機車、自行車、機械、電機、家電、金屬加工、化工等幾類產業的龍頭大廠，如裕隆、光陽、偉士伯、遠東機械、東元、聲寶、大同、中鋼、台聚等企業登錄了 14 個體系。在中衛小組努力推動下，到 1988 年經工業局評鑑合格登錄中衛體系的產業更擴展到縫紉機、製傘、傢俱、運動器材、整廠、製鞋等產業，共建構了 44 個體系，納入了 927 家衛星廠。

當時擔任中衛小組執行秘書的蘇錦夥（本書作者）覺得將中衛改制成財團法人型態繼續運轉，不失為可行之道，而時任經濟部工業局長的楊世緘亦應允，只要民間企業願意捐助，政府也會相對出資贊助。就在獲得企業肯定與力挺下，於 1990 年7 月，由政府與民間企業共同籌募了 6,550 萬元設立發展基金，

成立了財團法人中衛發展中心(簡稱「中衛中心」，即 CSD；Corporate Synergy Development Center)，首任董事長為高辛陽先生（現任董事長為張郁仁先生），歷經草創期後並由蘇錦夥擔任總經理至今，而編制在工業局底下長達六年的「中衛小組」就此解散了。

「中衛發展中心」接續推動國內企業中衛制度的發展，並負擔起創建「競合」優勢之重任，其宗旨以協助產業建立中心衛星工廠制度，促使企業得以相輔相成、共存共榮，並提升企業經營管理與品質水準，以達到產業的升級和樹立國際優良形象，進而增強「MIT」(Made in Taiwan)產品在國際舞台的競爭力，這使得中衛制度在國內產業界更為紮實生根。

在歷經「中衛發展中心」十餘年的用心澆注下，有了更豐碩的成果，至 2003 年，一共登錄了 194 個體系，而衛星廠商高達 3,352 家，影響層面已普及到汽車、機械、機車、自行車、電機、家電、電腦資訊、電子、民生用品、航太、縫紉機……等二十三個產業。

綜觀國內導入中衛制度二十年來，從中衛體系的消長情形，多少可嗅出台灣產業的興衰，像早期的製傘、製鞋、傢俱等勞力密集產業，隨著產業的外移，其中衛體系也隨之式微，倒是體質堅實而得以繼續留在台灣發展的汽車、機械、金屬加工、紡織等產業，以及欣欣向榮的資訊電子業，仍很懂得活用

中衛制度，來增強本身的國際競爭力。而國內很多高科技產業，在國際大廠的要求下，對於全球供應鏈的運作已很純熟，不過，其在國內的協力廠之中衛體系仍有賴中衛中心來協助建構，以期能在整個供應鏈上可跟國際接軌。

　　或許有人會問，台灣的中衛體系是源自日本的協力體系，但發展至今，兩者到底有什麼不同？基於經濟規模、文化上等的差異，台灣廠商所實施的中衛制度有一個很大的特色——就是呈現多家衛星廠重複交貨給多家中心廠（屬於一對多或多對一的關係），而不是獨立自主之金字塔型協力體系（屬於一對一的關係，如日本），其主要原因是每家中心廠的經濟規模不夠大，無法獨立養活單一的衛星廠，導致衛星廠為了生存，只好供貨給多家中心廠。

　　二十年來，中衛制度在台灣，已經發展出兼具國際化、本土化的獨特運作模式，讓中心廠與衛星廠由單純的物料買賣關係，發展成相輔相成的親情合作關係，進而形成產業群聚現象，奠定堅實的產業基磐，發揮全球運籌協同管理的競爭優勢。同時，隨著服務業的興起和體驗經濟的流行，中衛的合作聯盟的觀念和運作機制，也逐步走入商業界和休閒觀光文化業。許多友邦國家都嚮往這樣的制度，紛紛派員前來台灣學習中衛制度，所以說「中衛制度是個寶」，而且還是台灣產業利基源源不絕的「聚寶盆」！

中衛中心能爲企業做什麼？

或許有人會說，在沒有「中衛中心」之前，企業一樣生活、工作，生意照做。不過，較有遠見的人會認爲，並不是沒有「中衛中心」企業就無法生存或生活不下去，而是有了「中衛中心」能活得更好、更有朝氣。企業靠單打獨鬥的時代已經過去了，企業若還是一盤散沙式的行事作風，不能合作，各行其事，沙終歸還是沙，成不了氣候，無法永久屹立於世的。既然如此，那麼如何將「散沙凝聚成塔」就很重要了，而國內扮這個推手角色的，正是「中衛中心」。

台灣屬於島國型態的淺碟經濟，高度仰賴外銷，經濟才能持續成長。然而，國內企業有九成八以上屬於中小企業，當全球景氣好的時候，問題自然較少，可是，一旦遇到景氣不佳時，很多中小企業由於沒有與人建立長期合作關係，只好靠削價競銷來搶生意，最後不是搞得無利可圖，就是關廠倒閉，過去所打下的市場、基業，就這麼毀於一旦，殊爲可惜。爲了不讓這種戲碼一再重演，最好是能夠建構中衛體系，也就是相關的企業組成垂直和水平的結合，做相互支援與互通有無，以期不被淘汰，才能繼續成長、擴充。

不過，在早期，原來企業間的中心廠與衛星廠之關係較為鬆散，主要是建立在「供需」的相互需求上，即一個是買方，另一個是賣方，當中心廠需要零件或原料時，就由上游衛星廠供貨過去；或者是由中心廠提供原料給下游衛星廠製成產品。

簡單地說，當時是建立在「供需」的相互要求之上的中心廠與衛星廠之關係，兩者所講求的是「利用」，互相之間是一種「利害」的結合，其中所強調的是如何競爭，誰的價格低、條件好，就跟誰做生意。

像這種短視的廝殺競爭，對中心廠與衛星廠來說，可說是兩敗俱傷。有鑑於此，中衛中心就有揮灑空間，它的使命是把自己當做一種媒介、橋樑，來幫企業強化彼此信任關係，並把「利害」的結合改為「夥伴」的結合，將原本的「買賣」關係轉化為「依存」的關係，以期能達到共存共榮的境界。

譬如，原本中心廠要降低採購成本，最簡單的做法是向衛星廠殺價。可是建立了中衛體系的企業，若中心廠要降低成本5%，那麼中衛中心會協助廠商來做體質與經營手法的「改善」，通常「改善」後，一來可達成中心廠降低成本的目的，二來衛星廠也同步降低成本，不用被惡性殺價即可達成中心廠的降價5%之要求。透過這種過程，使原來中心廠與衛星廠的關係，由相互的不信任和利益的衝突，轉換為互相信任和彼此依存倚賴。

中衛中心如何扮演媒介的角色

　　一般說來，中衛中心會先找各產業的龍頭企業來做中衛體系示範廠，等效果展現出來後，也能誘引其他企業相繼跟進來做。至於在做法上，中衛中心會依企業體質給予妥適的輔導手法，再逐步擴展到全體系，通常整個體系的輔導活動（有關中衛體系的推動架構，詳見圖 1-2-1 說明）包括：

　　一、中心廠體質強化：依企業的需求來推動，從整理、整頓、清掃、清潔、教養(5S)、團結圈(QCC；Quality Control Circle)、品質改善小組(QIT；Quality Improvement Team)，到全面品質管理(TQM；Total Quality Management)、全面生產保養(TPM；Total Productive Management)、豐田生產系統(TPS；Toyota Production System)、企業資源規劃(ERP；Enterprise Resource Planning)、六標準差(6δ；Six Sigma)、產品研發管理(PLM；Product Lifecycle Management)、企業流程改造(BPR；Business Process Re-engineering)等的輔導。

　　二、體系關係的強化：協助中心廠研擬體系推動計畫，制定衛星廠管理輔導辦法，簽訂中長期供應合約，進而強化中衛廠商間的依存倚賴關係。

　　三、體系廠商的聯合輔導：推展到衛星廠時，為降低協力

廠商的訓練成本，以及促進體系廠商之間相互觀摩與交流，大多採取聯合輔導的方式。

四、體系聯誼會：運用協力會活動，促進各體系內成員的交流與向心力。

五、全體系的品質保證(GWQA)輔導：當全體系要推動品質驗證時，一般運用免檢與衛星廠品質保證，來達到全體系全面

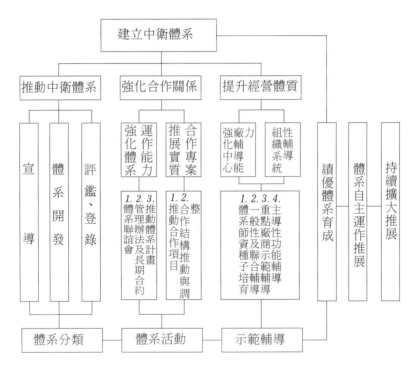

圖 1-2-1　中衛體系推動架構

品質管理(TQM)，以提升產品品質、降低體系內交易成本。

六、全體系成本合理化(TCR；Total Cost Reduction)：以價值工程手法，從整個體系觀點進行內部成本降低的輔導，並運用綜合採購進行外部成本管理，來達到最低總成本的目標。

七、精實生產系統(TPS/JIT；Toyota Production System / Just-In-Time)：在建構整個體系及時化運作的能力，導入後可幫助整個體系降低總庫存，並提升自主改善能力。

八、異業聯合交流、輔導：進行跨體系、跨產業的交流、觀摩、輔導，促進彼此間的技術交流，或是觀念的突破而有所創新。

九、辦理國內外績優廠商觀摩交流活動：透過觀摩先進廠商的做法，達到標竿學習之效。

中衛中心有效的運用各項資源（如圖 1-2-2），先後已協助車輛、電機、機械、航太、資訊電子、金屬加工、民生等 23 個產業建構了 194 個中衛體系，其中，以車輛業的中衛體系建構的最為堅實，且其成效也深受矚目。

十餘年下來，經由中衛中心輔導過的三千多家中心衛星廠商中，到底有什麼具體的成效？據統計分析，優良衛星廠占登錄衛星廠的 52%、免檢衛星廠有 32%、準時交貨者高達 60%，而中心廠與衛星廠簽訂中長期合約者亦有 71%，進一步降低採購與生產成本約 5%。

中衛發展中心對產業最大的助益是整體輔導資源的結合，除了中心本身龐大的專業人才與技術外，來自政府、企業、學術界，甚至國際方面力量，亦由中心匯聚，爲產業界服務。

企業界
◎專家、顧問
- 合作關係
- 專業技術
- 觀摩交流
- 產業資訊

國際關係
◎外國專業組織
- 專業 Know-how
- 國際產業資訊
- 管理技術
- 觀摩交流

中衛發展中心

◎產業資料
政策法令　產業情報
◎專家、顧問師、專業技術
中衛制度　教育訓練　產銷秩序
資訊發表　技術轉移　財務規劃
體系管理　諮詢服務　專業Know-how

政　府
◎相關政府單位
- 工業政策
- 產業策略
- 專案推動

學術界
◎學者、研究機構
- 研究報告
- 學術理論
- 專業諮詢

圖 1-2-2　中衛發展中心可茲運用的各項資源

據估計，廠商若請中衛中心進行協助、輔導上述有關的經營體質改善手法，且持之以恆認真去做，至少可產生十到十五倍的效益。舉例來說，廠商只要花十萬元的輔導費，就可幫公司節省一百到一百五十萬元的成本，這種投資真是太值得了。

總之，中衛中心的工作與使命，就是要讓原被世人視為一盤散沙的國內企業，將之聚集組織起來，激發國人的智慧，發揮聚沙成塔的效益。在建構出這樣的產業基礎上，中衛中心也逐步拓展關聯業務，例如，促進企業內合作的團結圈；卓越經營標竿的國家品質獎；企業體質改善的 TPM、TQM、TPS；企業間鏈結的 B2B 電子化；地區合作的商店街；複合轉型的創意生活；全球運籌的協同管理等業務。

為了讓中衛制度這項使命能夠順利進行，中衛中心也花了不少心思去做突破，一開始必須要讓國內企業從瞭解「共生」的重要性，先說服企業放棄原來單打獨鬥的習性，然後誘引廠商進行互相合作、支援的佈局，最後變成建立專業分工、相互依存的網絡關係。一般企業與企業緊靠在一起久了、相互合作久了，自然而然就能產生一股密不可分的力量。而這股力量，在內，可凝聚成一座企業結合成的金字塔；在外，這座金字塔可發揮其力量與國外企業競爭。因而，各產業只要好好運用中衛體系，不但能獲得合理的利潤，也能使企業不斷成長、擴充，進而讓這座企業金字塔亦能在世界上屹立不搖。

如何構築合作優勢的產業環境

以中衛制度的推動為例，談產業合作網絡的建置

面對國內外經營環境的劇變與全球激烈的競爭，過去台灣企業擅長單打獨鬥的時代已悄然退場，取而代之的是產業合作的網絡關係。從近來已有愈來愈多洞燭機先的企業組織，開始投入產業合作的潮流，可以嗅出未來「合作優勢」取代「競爭優勢」，將是日益明顯的趨勢。

在這股蔚然成風的趨勢下，不論是政府還是企業，有必要集思廣益來構思營造一個創造合作優勢的產業管理環境，也就是在垂直分工的基礎上，來推動水平合作，形成產業合作網絡，使企業間經由物料、資金、技術、資訊、人才等的連結，形成如蜘蛛網般的彈性網狀組織。除可追求生產所帶來的有形價值外，還有知識所帶來的無形價值，終而發揮企業靈敏精實的運作優勢。

由於產業合作網絡的建構與發展，是從垂直分工的中衛體系出發，然後擴展到同業或異業的水平合作。舉例來說，如何

將車輛產業、金屬加工業與機械產業三條垂直的中衛體系，進一步整合起來做水平合作，形成產業綜效而能進入新領域（如軌道工業）？像這種涵蓋垂直與水平的產業合作體系，以及追求同步化、融合化、創新化的運作機制之網絡，在做法上，其實可參照近二十年來產官合力推動的中衛體系。

由於過去所推動的中衛體系，其卓著的效益已有目共睹，從昔日發展經驗來看，對台灣今後欲更有效構築產業合作網絡，應該有頗多可借鏡之處，比較值得參考的做法如下：

做法一：透過評鑑、登錄的作業流程，使參與成員重視網絡合作關係

為了使中衛體系在垂直式合作網絡關係，能夠做有效的建構與管理發展，並充分發揮其實質合作效益，通常是由負責推展、宣導與執行「中衛制度」的中衛中心，透過刊物、書籍以及實地洽訪廠商來加以推廣宣導，若有意願成立中衛體系的廠商，可檢具相關文件，向中衛中心申請登錄，經中衛中心評鑑合格後，即可成立中衛體系。

這個評鑑、登錄的作業流程，目的是使原本鬆散的合作網絡，經由具體且書面化的作業，促使其成為類似組織化的網絡運作架構，讓參與的廠商能正視並重視這個網絡合作關係。

作法二：由垂直中衛體系做起，再延伸到企業間、產業間的水平合作

在中衛體系垂直式合作網絡的建構完成，且其所衍生的實質效益顯現後，中衛中心會循上述的建構經驗，從垂直式合作網路的中衛體系出發，再去建置企業間的水平式合作網絡，更進而延伸到產業間的合作網絡。

有關中衛中心在推動企業間的水平式合作網絡這一環，早期有異業聯合輔導的實例，之後，更是大力推動跨地區、跨產業、跨功能的合作示範例，透過這種概括了垂直與水平合作網絡的整合成功，已促使我國的產業管理邁向一個新的里程碑。

這種合作體系，通常依其產銷關係、產品關聯性與實質合作體系的網路類型，可分為後垂直合作體系(VI)、前垂直合作體系(VII)、水平合作體系(H0)、共生合作體系(CO)等類型。

作法三：政府資源最好能適度的協助與介入

為了提高廠商建構中衛體系的意願，政府最好能提供一些誘因，譬如，凡經評鑑登錄的廠商，政府可提供租稅減免、財務管理、市場行銷以及技術管理等層面的輔導。

在租稅方面，除提供中衛廠商取得設廠所需的工業用地外，對於廠商的土地增值稅則以最低稅率級距課徵；在財務管理方面，則協商銀行或政府相關基金提供資金融通；另外，視中衛廠商的需求提供各類改善體質的輔導，透過上述多層面的協助來擴大其成效。

作法四：從培育企業間合作關係，進而擴展到產業間的合作網絡

為了讓水平合作體系能夠發揮實質效益，最好是形成合作關係的廠商，能進一步培育彼此的合作關係，其作法是透過體系計畫來達成。

這裡所說的體系計畫，以中衛廠商（體系）來說，就是指凡登錄的體系，先依據中心廠的中長期目標與經營策略，來擬訂體系的中長期推動策略，然後再參考中心廠的年度經營計畫，擬訂體系年度推動計畫，透過這套體系計畫的推動，將可使隱性的網絡關係發展成顯性化。此外，還可經由定期或不定期的聯誼會活動，進行聯誼交流、研討講習和會員間的相互觀摩，以及透過全體系的品質改善、人員相互支援等活動，來達成強化合作關係之目的。

另外，還可透過中衛體系的長期合約以及中心廠擬訂的衛

星廠管理輔導辦法,來強化彼此的合作關係。

　　總之,構築好緊密的合作關係,不僅可經由實質利益的共享,使關係得以長期維繫,甚至善加運用有計畫性的推動,更可收四兩撥千斤的效果。

作法五:強化合作網絡「全體系」的體質

　　由於產業管理的合作網絡主要在提升網絡整體的生產力,加強對外競爭力,因而,在建構合作體系後,應特別強調的是提升「全體系」的生產力,而非個別廠商。基於共存共榮的觀點,必須進行經營同步、管理同步、生產同步的群體合作,因而,主導合作體系的企業要對其合作廠商負起指導、提升之責,各合作廠則應配合指導,致力於改善本身的體質,如此合作體系的規模效益才能彰顯。

　　這方面,中衛體系的具體做法是,透過中衛中心的協助,對中心廠或衛星廠提供個別的輔導來改善其體質外,更以全體系的廠商為對象,施以中衛關鍵性輔導技術,例如,全體系品質保證系統(GWQA)、及時化生產系統(JIT)、全體系生產管理(TPM)、全面成本合理化(TCR)、人才共同培育等手法,來改善中衛體系廠商在品質、成本、交期方面的能力。

作法六：培育績優示範體系與設置績優獎項

透過培育出幾個績優示範體系，並在「見賢思齊」的激發下，一定有很多其他相關的合作體系想觀摩、學習，以做為其經營運作之參考，如此最能收「他山之石可以攻錯」的效果；另外，再搭配績效獎項，來表揚運作令人刮目相看的績優體系或協力廠商，這樣會更加激勵各界對合作網路建構的期待，也會成為推動合作體系的正面助力，如此等於對台灣產業邁向產業管理、建立合作網路規模，做了一個決心性的宣言。

為使讀者更易了解有關中衛合作體系的「運作模式」（見圖 1-3-1）與「推動架構」（見圖 1-3-2），茲以圖表方式，分別介紹如後。

合作體系運作模式

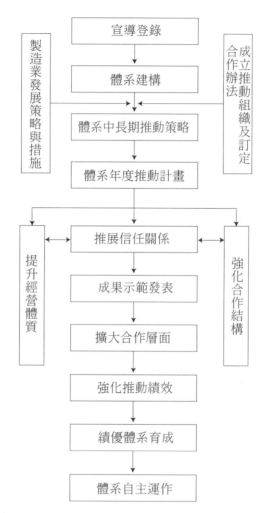

圖 1-3-1　中衛合作體系的運作模式

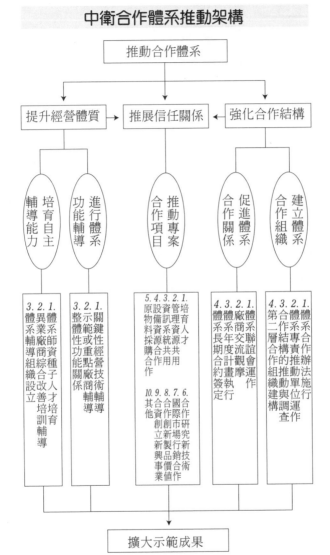

圖 1-3-2　中衛合作體系的推動架構

中衛體系的未來展望

朝全球化、價值化、數位化方向發展

時代在變，環境在變，中衛制度（體系）當然也要跟著改變，否則就應驗了「不改變就死路一條」這句話，問題是未來該怎麼變，才能因應時代需求？中衛制度（體系）未來將朝全球化、價值化、數位化的方向發展。

回顧在台灣運作近 20 年的中衛體系，可說是在原廠委託加工製造（OEM）環境下，土產的台灣式供應鏈。傳統上，過去它的地理涵概範圍僅侷限於台灣本島，其活動內涵側重在生產作業，而上、下游的連接，大多建立在血緣、地緣、學緣、友緣等「四緣」的人際關係上。儘管長久以來靠這種模式運轉得很不錯，可是，在面對全球化、知識經濟浪潮的衝擊下，中衛體系的發展也必須因應時代需求而有所突破才行，譬如，在地理空間方面，必須從台灣區島內延伸到全球，讓產銷與世界供需鏈接軌；還有，為因應生產活動外移，而研發、運籌根留島內的運作，中衛體系必須由生產網絡的型態，轉變為價值網絡

的型態；此外，在網際網路興起後，由於時間與空間的落差減少，除了建立產業間親密的人際關係外，更要建立數位化環境的信任關係，因而，中衛體系數位化已勢在必行。

　　台灣的企業隨著國際化的腳步，逐漸成為在全球各地運籌帷幄的新游牧族，所以企業營運的觀點，將從「賣東西給全世界」轉變成「在全世界賣東西」。這導致中衛體系的地理空間，也必須跳脫侷限於台灣本島的框架──就是應著手從地方擴展到區域，進而延伸到全球。這方面已隨著企業外移到東南亞、中國大陸，甚至到歐美等地投資後，企業界開始在摸索建構中。舉例來說，像中華汽車到大陸投資東南汽車，就帶了三十家的衛星廠一起到對岸打拼，而把中衛體系的運作模式，從地方延伸到區域，未來是否會隨著企業版圖的擴張，將中衛體系運作觸角伸展到全球，國人不妨拭目以待！

　　事實上，在面對知識競爭世代的來臨，產業台灣（Corporate Taiwan）勢必將接受新的挑戰，也就是說構成產業台灣的主體──中小企業，今後要仰仗的基調，必須從「勤奮的體力勞動者，以及企業間的生產協力網絡」，轉換成「勤奮的知識工作者，以及產業界的研究機構，甚至產業界與產業界之間的研發協力網絡」，才能繼續立足於國際舞台。

　　過去三、四十年來，台灣參與產業國際競爭，主要是靠一群草莽氣質、活生力猛的中小企業，其數量占台灣生產組織的

百分之九十八，不僅貢獻了六成的外銷實績，也提供了近六成的就業機會，他們對產業台灣的發展實在是功不可沒。

而這群默默爲台灣創造經濟奇蹟的幕後英雄，其競爭力的根本來源爲何？若認眞加以探究，其奧秘就是這群製造業者在經濟資源的整合與分工上，擁有反應非常靈動且具彈性的生產合作網絡。

但爲因應企業的生產活動外移，研發、運籌根留台灣的運作，中衛體系必須由生產網絡的型態，轉變爲價值網絡的型態。換言之，就是中衛體系要從過去偏重於生產管理的改善之效益，改變成重視附加價值高的行銷、研發，因而，參與中衛體系的廠商應積極致力於行銷管理的改善，以及設置研發中心，來強化新產品的研發與創新工作。

隨著網際網路的興起，中衛體系的電子化，將爲時勢所趨，它是指中心廠與衛星廠將在數位化環境中，進行資訊流、物流、金流等各種經濟活動，來達到整體競爭力的提升。

中衛體系內的成員在電子化過程中，最好先進行「策略性」的思考，接下來再做「工具性」的選擇。電子化是企業經營策略的一環，必須在中心廠與衛星廠的高階主管的共識下，確認體系電子化的營運方向、釐清電子化的宗旨、明訂電子化的目標、仔細評估每個環節的效益，並找出企業間的核心流程，才能確定導入的範圍與規模。

　　策略性思考的目的，在於提供一個環境去轉變作業流程，統一供需的鏈接界面，並創造以信任與知識爲基礎的體系文化。至於工具性的選擇，則包括了流程再造、企業資源規劃、供應鏈管理、協同管理、企業文化改造等手法。

　　爲何要選用這些工具？其基本觀念是根植於資源整合共享，並從國際化的角度去建構數位化的經營環境，以創新企業的競爭力。事實上，中衛體系電子化已經不是要不要做，而是何時做、如何做，而且愈早做愈好。

　　總之，中衛體系未來的發展勢必應朝以下幾個方向來做調整，而中衛中心近來也已陸續開始爲一些有遠見的企業做這方面的輔導：

　　其一、在製造業方面，除繼續推動現存的生產活動之中衛體系外，未來需要進一步朝高附加價值的研發、行銷、人力資源等層面的合作網絡來拓展。

　　其二、繼續強化現存的企業合作網絡，未來應加強由當前的企業與企業合作關係，擴展爲產業與產業，甚至產業與研究機構的合作關係。

　　其三、應由過去垂直的上、中、下游網絡，進一步擴大到水平合作關係，即同業或異業間的產業合作網絡。

　　其四、未來將從目前以製造業爲主的合作網絡，向前擴展到醫療產業、商業與文化創意產業等領域的合作網絡。

其五、隨著企業全球化的布局，及合作利益與互補分工的考量，未來將促成由地方性走向區域化與國際化的合作網絡。

第二章

各產業推動中衛制度梗概

車輛產業中衛體系的推動

車輛工業的範疇包括汽車、機車及自行車的製造及其組件和模、夾、冶具。汽車的領域包括轎車、商用車、休旅車、製程車輛等；機車包括一般機車、特種機車、電動機車等；自行車則包括全地形車、跑車、表演車、登山車、越野車、摺疊車等。

汽車工業是一個要長期經營的產業，由於具有資本及技術密集、產業關聯效果大、中衛體系明顯、國際化分工、兼顧社會成本等特性，故需有長期穩定之發展與輔導策略，方能以國內市場來支持此產業之發展。

台灣汽車工業發展五十年（從 1953 年裕隆公司設廠產製開始）來，由試車期到目前的國際推進期，前後歷經六個不同階段性的發展，已頗具成效與規模。不過，隨著台灣加入世界貿易組織（WTO；World Trade Organization），以島內現存十一家汽車廠商，在每年近五十萬輛新車需求的銷售飽和狀態下，汽車產業原有的不利因素，如大量生產條件未臻成熟、關鍵技術及材料有待研發、國內市場狹小未達經濟規模等問題，一一凸顯出來。尤其在面對未來進口車大舉入侵的殘酷事實，國內業

者勢必將面臨整合，或進行優勝劣敗淘汰賽的抉擇。

機車及自行車產業的情況則較爲樂觀，台灣機車產業共十家，年銷售量約在 150 萬輛左右，由於目前生產 150cc 以下各類機車，不論技術、品質均有大幅精進，面對國內市場開放，所帶來的衝擊較小。台灣自行車產業則一向在世界上擁有輝煌紀錄，爲世界出口之大國，在 1980 至 1996 年間，曾經連續十六年蟬聯全世界外銷第一的地位。近年來在業界積極由外銷王國邁向品級王國的過程中，業者所銷售的中、高級車種，仍穩居世界第一位。

在零組件市場方面，台灣汽機車零組件廠商以內銷爲主，未達經濟規模，且多半屬中小企業。在各項侷限的條件下，生存不易，唯有善用中心廠資源，並加強業界之相互合作，由政府成立專案計畫，整合資源及業者，擬訂中長期發展策略，投入輔導經費逐步實施，方能協助業者度過因環境變遷所引發的轉型衝擊。

中衛中心推動車輛產業的作法

中衛中心在推動車輛中衛體系上，首先確立三大推動目標爲：強化國際中衛關係與制度、建立產業價值鏈、產業合作與多角化經營，然後針對各項目標採取有效的推動作法。

在「**強化國際中衛關係與制度**」上——善用中心廠資源與國際合作關係，強化協力會的運作機制，加強電子商務環境的推動，並加強二層體系之建構與管理。

在「**建立產業價值鏈**」上——有效整合各體系的輔導資源與輔導措施，建立產品研究發展能力，提升生產效率與品質，加強國際行銷能力，並建立出國際級的競爭能力。

在「**產業合作與多角化經營**」上——促進中心廠重新整合其衛星工廠，並加重第二層中心廠之任務與營運規模，推動體系間的共同採購，加強異業交流合作，並建構海外共同行銷合作體系，對廠商轉型進行規劃輔導作業。

有關中衛體系的「車輛產業實施方式與推動架構」，詳見圖 2-1-1；「車輛產業體系輔導配合方式」，詳見圖 2-1-2；「推動汽車產業零組件廠合作策略」，詳見圖 2-1-3。

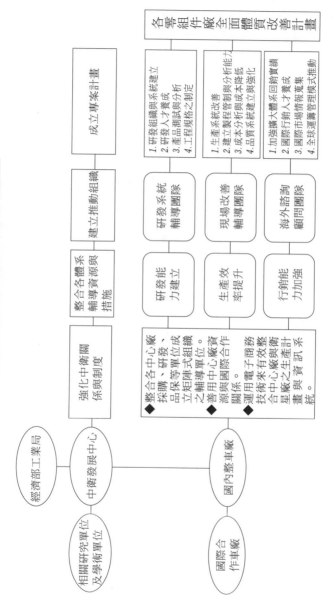

車輛產業實施方式與推動架構

圖 2-1-1

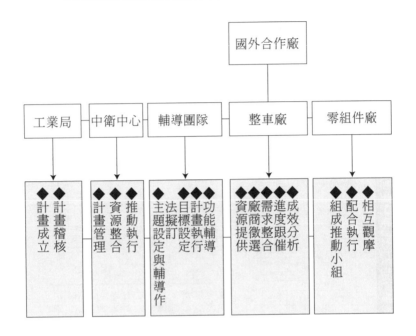

車輛產業體系輔導配合方式

國外合作廠

| 工業局 | 中衛中心 | 輔導團隊 | 整車廠 | 零組件廠 |

◆計畫成立　◆計畫稽核

◆計畫管理　◆資源整合　◆推動執行

◆主題設定與輔導　◆法擬訂　◆目標設定　◆計畫執行　◆功能輔導作

◆資源提供　◆廠商徵選　◆需求整合　◆進度跟催　◆成效分析

◆組成推動小組　◆配合執行　◆相互觀摩

圖 2-1-2

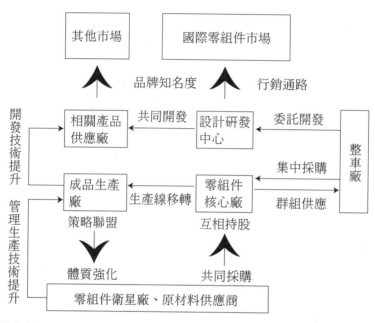

圖 2-1-3

車輛產業中衛體系推動成果

中衛中心推動車輛產業中衛體系的成果可謂十分豐碩。茲分為：強化垂直合作體系運作、推動水平合作體系、關鍵性經營技術輔導、推動合作專案等四個範疇來說明之。

在「強化垂直合作體系運作」方面——包括推動中衛制度，例如推動建構汽機車業的第一層體系：裕隆、中華、三陽、光陽、國瑞、福特、山葉、摩特動力等；建構汽機車業的第二層體系：六和機械、中華台亞、全興工業、大億交通等。除強化各中衛體系的關係外，更加強協力會運作功能，執行年度體系輔導運作；並協助建立合作資訊網絡，縮短管理作業流程，增加競爭能力。

在「推動水平合作體系」方面——結合專業廠商共同開發新產品，例如推動堤維西、健生等體系的汽車零件廠，進行現場改善合作專案，使達到降低成本、增加競爭力與外銷成長的目的；且整合相關零組件廠，建構汽車零組件海外共同行銷合作體系。

在「關鍵性經營技術輔導」方面——包括推動汽機車業國際品質系統之建立，例如輔導裕隆體系、福特體系 QS 9000 認證；輔導國瑞體系衛星廠的 TPS；輔導中華體系進行全面生產

力管理系統建立；協助裕隆體系 15 家衛星廠進行現場診斷、生產改善與電腦化作業，使整體改善效益達三千萬元；輔導摩特動力體系旭邑、阜德、笙隆、台灣口木等建立 5S 制度；輔導堤維西體系全面改善，生產效能提升兩成，以及企業轉型的輔導協助，如茂雄、瑞利，使產業得以實現朝向多角化經營的目標。

在「**推動合作專案**」方面──包括建立合作示範體系，例如推動成立衛星廠商零組件共同運輸暨物流中心供應系統；整合輔導資源，結合中衛發展中心、中心廠、協力會與汽車人才培訓計畫等，建構汽機車業合作輔導體系，加強相關產業的異業交流觀摩，如軌道、航太工業等。

【案例一】國瑞汽車體系 TPS 輔導活動

因應加入「世界貿易組織(WTO)」，直接面對進口產品在價格與品質上之激烈競爭，國瑞汽車以 TPS 作爲輔導協力廠商之重點，強化中心廠與衛星廠生產步調之鏈結關係，同時改善體質，提高競爭力，以共同迎接新的挑戰。

本活動推動架構：

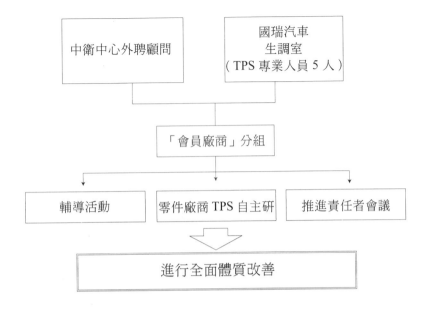

活動方式及目的：

(1)透過 TPS 自主研活動，讓管理監督者理解正確的 TPS 想法，並於日常生產活動中實踐、追求質的提升。

(2)以每 6 個月為週期選定 1 個主題實施改善活動。

(3)TPS 指導成員定期（1 回/2 週）至活動廠商實施指導活動。

活動成果：以活動廠商平均佔列製程時間低減 30%，生產性提升 35%，庫存量低減 30%，空間亦大幅節省。另外因成效卓著，主動投入 TPS 改善活動之廠商由 20 餘家增加為 34 家。

【案例二】裕隆汽車自主研發體系的建構

　　有鑑於加入 WTO 之後國內汽車市場面臨大幅度開放與國際化之趨勢，國內各車廠無不積極進行體質調整與提早備妥因應措施。裕隆汽車體系在中心廠的帶領下，除了加強提升競爭力、強化國際分工與持續提升產品品質之外，尤其著重在協力廠自主研發體系的建構。

　　這項由中衛中心與裕隆亞洲技術中心共同推動的專案活動，至 2004 年，已邁入第五年，累計輔導廠商達四十家次。活動內容從初期輔導零件廠商提升設計作業環境與專業能力，到目前強化設計供應鏈的協同運作機制與效率提升，獲得顯著之成果。在裕隆公司「亞洲研發基地」、「移動價值鏈」的策略帶動下，國內多家零組件廠商已進入裕隆日產國際分工體系，不僅實質提升設計位階，也創造零件國產化的商機，甚至進一步透過中心廠的物流系統將零件回銷至日產汽車在亞洲其他地區之工廠。

　　有鑑於裕隆公司在 2003 年進行結構調整之後，將設計業務交由裕隆日產公司負責，未來國內零組件廠商將有機會與日產設計體系作更緊密的配合，並在國際分工的環節中擔任重要的角色。

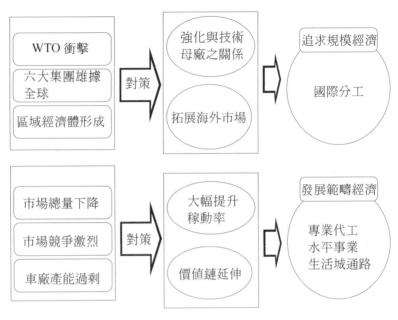

裕隆策略思考的方向

【案例三】中衛中心輔導業界推動 TPS 實務案例

　　位於台灣南部的這家運輸工具零組件工廠，是典型的傳統工業，現場生產線佈置及管理方式也一直延續既往，少有改變。其製程為二種主要自製之零件經廠內加工作業後，送往裝配線與外包商送交之零件組裝，主要零件之一為金屬盤元經切斷、冷鍛、熱處理後送裝配線；主要零件之二為塑膠射出成型

後送裝配線。原來的生產方式，前製程——二種主要自製之零件，採大量生產堆積很高的庫存量；而後工程——裝配線，則為 10～14 人組成之輸送帶裝配線。

接觸初期我們感覺到老闆非常焦慮，由於大陸方面挾其低工資急起直追，而台灣這邊生產種類變多，生產力一直下跌、庫存越來越高、裝貨台車不夠用、空間太小、客戶交期達交件數也無法提升，苦無對策，到現場就是一番指責，惟一能做的就是儘量抽空在現場盯緊生產線。

在導入 TPS（豐田生產管理）的過程中，了解現狀產品種類愈來愈多，換模換線次數變多了，所佔時間比率也變高了，而從現場觀察每位裝配作業者工作時間相當短，每次約 6、7 秒，做完就放到輸送帶傳送到下一工作者。另外，整個裝配過程中，需要的機器設備不多，而且都是小型且價錢不高的，因此，首先規劃將適合大量生產之輸送帶生產線改為 1 人之工作站，每人一個工作台並站立作業——如此可切割成多條生產線，同時生產多種產品，滿足多位客戶需求。於是需要換模換線的次數低減很多，在全面實施之前作業者多能工訓練非常重要。剛開始由示範線模擬推動，找一小區域放置新的工作台，並找優秀的作業者試作，對動作、供料、治工具等方面持續改善，接著才將輸送帶生產線拆除，全面改為一人工作台作業。初期因為不適應，難免有些抱怨甚至於反彈，經過一段時間後

也就慢慢習慣了，生產力也逐步的提升。

　　由於對個人的品質責任、生產績效管理更確實，個人的責任感、榮譽感也提高了，這是作業者自己和別人比較、自己管理自己。每一個作業者都是經營者，不僅要做好自己的事，而且還要思考怎樣把事情做得更好更有效率，管理工廠不再是老闆一個人的事。

　　在供料方面，以往是每週供料一次，即本週五就把下週一～五要用的料送到現場。後來改為 3 天，再逐步的由 2 天、1 天、4 小時，最後縮短至現在的每 2 小時供料一次。由於物流加速，現場不需要那麼大的儲存空間，地方便多出來了，現場也變得明朗了，管理者能以目視化掌控現場異常的物流停滯、人員等待、目前的生產進度及績效。當然，初期要改變以增加供料頻度，也不是那麼簡單順利，有很多課題都要去克服，如運送的次數增加、原來人員是否可吸收、會不會要增加人手、裝零組件之容器及搬運台車的設計等等。

導入 TPS 效益對照表

績效指標（對象線）	面積（坪）	製程時間（天數）	庫存（天數）	生產力（PCS／人-天）
改善前	850	30	6	650
改善後	360	12	3	790

　　經過這樣的改變努力後，庫存低減(請參閱上表)，製程間的工件停滯時間降低，物流加速，使得整個製程時間大幅縮短，能夠快速回應顧客的需求，顧客滿意度自然提高了。而因庫存降低省下的空間，則作為整合前後工程、及新增生產線，這樣能更有效的運用廠房空間，對公司有莫大的助益。

　　經由導入 TPS 可使硬體製程改善，也促使員工觀念意識的改變，塑造出持續不斷改善的環境，讓公司的改善動力源源不絕，逐步累積公司堅強的實力，提升公司的對外競爭力。

電機產業中衛體系的推動

　　電機產業是一個靠「電」來發展的產業，廣義說來，舉凡使用電能作為動力之機器均屬之。一般而言，電機產業主要包括：重電設備、電線電纜、家用電器、照明、工商用電及電工器材等各大範疇。若以屬性來區別，則大致可簡單歸納為兩類，一類是具民生基礎產業屬性；另一類則是具電力電子關鍵中間產品屬性。

　　電機產業是產業的基礎，國家經濟建設直接影響到電機產業榮枯，而電機產業的興衰，也會直接影響到國家整體產業的表現。台灣電機產業經過業者半世紀來的專注耕耘，所展現出的成果與產值，的確已具有一番恢弘的氣象。

　　回顧 2000 年，台灣電機產業年產值新台幣 4,864 億元，佔製造業總產值 5.5%，廠家數 4,225 家，從業人員 4 萬人。然而近幾年來受到內需市場不振、產業外移，以及入世後進口貨大舉來台，抑制國產品銷量等因素衝擊，產值逐年遞減，到 2003 年，全年產值遽減至 3,007 億元。在面對如此內弛外張與無國界的嚴峻挑戰下，該如何加強產業合作，並採取企業間垂直與水平合作的策略聯盟，來發揮合縱連橫之綜效，實乃電機業者必須用

心加強的當務之急。

中衛中心推動電機產業的作法

中衛中心在推動電機產業中衛體系上，首先確立推動的三大方向為：健全電機業產銷體系、推動業界水平合作、提升總體效率。

在「健全電機業產銷體系」方面——加強中衛體系衛星廠的整合作業，輔導體系修正現有外包制度與考核制度，並依產品承製、品質、成本、等級等不同能力來分類整合。此外，也加強中衛資訊網絡連線作業，與強化協力會運作功能，以落實協力廠商的輔導管理，並將改善成果作出示範發表。

在「推動業界水平合作」方面——加強電機業跨業合作的業務。

在「提升總體效率」方面——加強主導性功能輔導、一般性及聯合輔導，並強化體系教育訓練，培育師資種子。

中衛中心期望藉由這些目標的推動，能為台灣電機產業建構出更優質的合作網絡，創造出更新的價值，藉以繼續維持產業的成長率。並將成果擴散到整體產業間的網絡運作，以此衍生出新的利基，進而帶動台灣電機產業的整體競爭力。

有關中衛中心推動電機產業的各項作法，分別以圖表顯

示，其中，「電機產業推動的目標與作法」，詳見圖 2-2-1；「電機產銷體系推動的架構與作法」，詳見圖 2-2-2；「推動電機產業水平合作的作法」，詳見圖 2-2-3 的介紹說明。

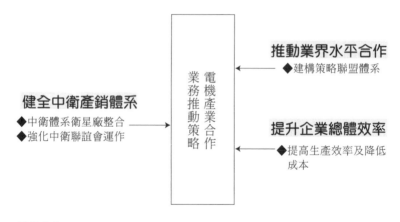

圖 2-2-1

電機產銷體系推動的架構與作法

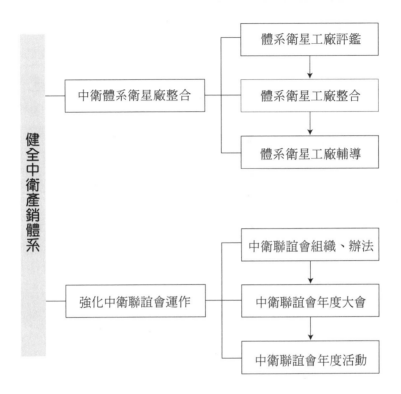

圖 2-2-2

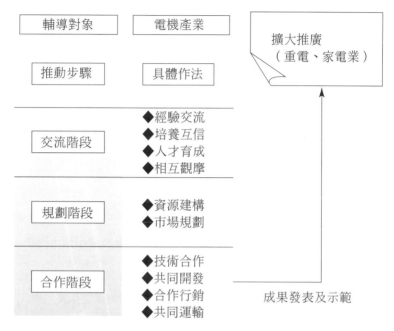

推動電機產業水平合作的作法

輔導對象	電機產業
推動步驟	具體作法

擴大推廣
（重電、家電業）

交流階段	◆經驗交流 ◆培養互信 ◆人才育成 ◆相互觀摩
規劃階段	◆資源建構 ◆市場規劃
合作階段	◆技術合作 ◆共同開發 ◆合作行銷 ◆共同運輸

成果發表及示範

圖 2-2-3

電機產業推動中衛體系成果

　　中衛中心在推動電機的中衛體系上，所展現的成果，茲分為下面四個範疇來說明之：

　　在「健全電機業產銷體系」方面——加強中衛體系衛星廠

的整合作業，包括對東元等十七個中衛電機體系，進行輔導有關體系對衛星廠評鑑、整合等相關作業，例如協助松下體系中衛合作的推動，並進行衛星廠的登錄與輔導；同時大力推動各體系間的中衛聯誼會運作，使各體系的中衛聯誼會，不論在組織辦法、年度大會及年度活動，均能順利欣榮的展開。

中衛中心在過去幾年來，對松下、東元、聲寶、中興、華城、士林等廠商聯誼會活動，舉辦了經營者講座、免檢制度輔導、協力工廠改善活動、績優廠家群國內外之觀摩活動。透過聯誼會之建立，強化雙方的信賴度，藉此橋樑進行相互了解，共同解決問題，增益共存共榮理念之建立。此外，中衛中心為健全中衛產銷體系，也經常舉辦體系教育訓練、完成電機業中衛體系產業環境暨輔導需求調查報告，並進行產業合作開發共通零組件之調查、洽訪等工作。

在推動業界水平合作方面——加強整合衛星工廠互補資源，推動電機產業衛星廠進行策略聯盟，輔導產業之共同採購、運輸、研發、營業等業務上，強化了衛星廠資源共用的目的。此外，在推動中興電工體系之重電業關鍵零組件合作開發案中，中衛中心進行中興電工體系中衛廠家品質系統之輔導後，其中衛體系經由中衛中心之輔導，大幅地提升了經營及品質的能力，而得以生產高品質之關鍵零組件，進而取代了數億元的日本進口件。

在「提升總體效率」方面——加強對關鍵性經營技術的輔導，篩選重點輔導體系，進行衛星工廠巡迴診斷；並歸納衛星廠群產業別輔導需求，進行衛星廠群整體輔導作業。例如輔導聲寶體系十七家進行異業聯合，有效提升了企業的經營體質；輔導東元、中國電器、亞力、台灣三洋等廠商完成自動化製程改善。另外也輔導機械加工、沖壓業、塑膠射出成型等衛星廠群，建立品保制度。衛星工廠透過中心廠的協助，致力於品質、成本、交期的改善，成為績優工廠，達到雙方體質升等升級的目的。有關「中衛體系提升電機業總體效率圖」，詳見圖2-2-4 的介紹。

至於在「免檢」輔導上，更是中衛中心推動的工作重點，先後輔導華城、瑞智等三十六家中衛工廠，推動免檢之品保制度的建立，達到了技術層次提升、建立品質管理系統、加強衛星廠在品質上的責任與改進、降低檢驗成本、減少庫存及資金的積壓等等有形效益。使得輔導的體系，不論在品質經營力、成本的經營力、交期準確力，以及強化製造力等各項攸關總體效率的提升方面，均大有助益，中衛中心過去在這些方面所做的努力，也深受電機業者的肯定與稱許。

中衛體系提升電機業總體效率圖

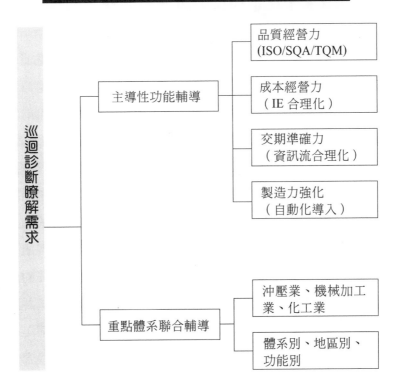

【案例 1】士林電機協力會水平合作

　　士林電機廠成立於 1955 年，至今已有半世紀之久，在歷任董事長許金德、許淑貞、許育瑞及主事者黃明郎的卓越領導下，猶如「老樹深春更著花」般持續不斷的穩健成長，目前為國內重電機產品及車用電裝品的領導廠商。

　　士林電機於 1996 年初有感於協力廠商間彼此亟需進行資源互補的水平合作，乃邀集了八十家協力廠，成立了士林電機協力會策略聯盟聯誼會。這個協力會體系依各廠不同性質的加工來區別，共分為沖製組、車製組、化工組、電機組等四個組，開始進行初期的合作體系運作。到了 1998 年 1 月，對原先的分組又再略做變更，另外在共同業務組上，更明確的區分成共同運輸、共同採購、共同營業、共同開發等四個組。經過兩年多來的積極運作，參與合作協力會成員們開始肯定推動這項合作的成效與必要性，使得各項推動工作進行日益圓融順暢。有關「輔導士林電機水平合作具體效益」詳見表 2-2-1 的說明。

表 2-2-1 輔導士林電機水平合作具體效益

經營理念	中心廠與衛星廠彼此經營資源互補,將生產價值提升為整體經營價值。藉由衛星工廠策略聯盟之推動,進行衛星工廠間水平合作,彼此資源互補共同,落實合作基礎,進而提升整體競爭力。		
推動目標	一、水平合作	1.共同採購	◆衛星工廠採購成本降低 10%。
		2.共同運輸	◆衛星工廠運輸成本降低 20%。
		3.共同營業	◆衛星工廠年營業額成長 10%。
		4.共同開發	◆螺絲小五金件自動洗脫油機。 ◆遠紅外線健康睡墊。 ◆多用途海釣安全扣帶。 ◆無熔線斷路器安全開關把手。
	二、品管圈活動		◆改善件數:200 件/年
	三、衛星工廠改善		◆貢獻金額:200 萬元/年
	四、資訊系統應用		◆資訊運籌系統認識。
推動作法	一、推動衛星工廠策略聯盟聯誼會		1.共同業務。 2.衛星工廠改善。 3.品管圈活動。 4.資訊系統應用。
	二、推動士林電機協力大會,強化中衛關係		1.年度士電協力大會。 2.衛星工廠經營者講座。 3.績優廠商觀摩活動。
預期成效	一、衛星工廠水平合作,資源共享。(共分下列四項說明之)		
	1.共同採購		◆衛星工廠採購成本降低 10%。
	2.共同運輸		◆電裝品廠、新豐廠、湖口重電廠、自動化廠、衛星工廠 40 家參與。 ◆運輸成本降低 40%。
	3.共同營業		◆國內年營收成長:6,000 萬元/年。 ◆國外年營收成長:2,000 萬元/年。
	4.共同開發		◆遠紅外線健康睡墊:600 萬元/年。 ◆斷路器安全開關把手:200 萬元/年。
	二、中心衛星工廠制度持續推動,強化中衛關係。提升體系協力工廠競爭能力,使 80 家協力工廠年產值提升百分之十。		

機械產業中衛體系的推動

　　機械產業的涵蓋面廣，包括工具機、塑膠機械、木工機械、運輸機械、事務機械等均屬之。台灣機械產業近十年來在政府大力推動產業自動化的政策下，國產自動化設備的供給率及自動化設備的普及率均有大幅的成長，對台灣自動化機械產業的發展產生了推波助瀾的效益，也使得機械產業年年都有不錯的成長實績。其出口市場除東南亞外，在美、日也都佔有相當的比重，由此可見國產機械的附加價值、精密度均已顯著的提升，目前在先進國家已佔有一定的份量。

　　其中尤以工具機產業表現最為亮麗搶眼，目前已躋身全球第六大生產國、第五大出口國，扮演著世界供給者的角色。而其他如在木工機械方面，目前已經走向以個人電腦為架構的控制器（PC-Based）電腦數控機種，電腦化比率大幅提升；紡織機械方面，也已走向電腦控制和無梭織機等領域；在自動化機械手臂方面，已產出五軸的產品，加速提升了我國塑橡膠機械配套的自動化水準。因此，台灣機械業如今已不再是昔日吳下阿蒙。藉由機電合一與資訊、網際網路結合，走向精密機械，與資訊電子密切連結的領域。不過為縮短交期提升競爭力，衛

星體系的支援在台灣機械產業中扮演了關鍵性角色，也造就了機械產業地域集中的特色，所以有五成以上的廠商集中在中部地區。

由於機械為各種產業的生財器具，台灣機械業目前正面臨產業大量外移，國內製造業轉往高科技發展，以及日韓機械同業的外在競爭，使得機械業不得不升級發展以求生存。從目前跡象顯示，以工具機和塑膠機械業往 3C 產品零配件生產設備領域發展最積極。近兩三年來，工具機進口金額超越出口金額，這充分顯示進口工具機已集中在非傳統產業的加工，半導體、光電、通訊、電子等產業代之而起。

就整體而言，台灣機械產業以中小企業為主，由於廠家眾多、競爭力強，造就了我國在一般零件製造上擁有極大的彈性與高度的效率。而且製程中因各工廠分工細，各專業製造廠商尚能提供若干設計意見及加工技巧給客戶，因此能製造出品質極為優良的成品。若能再加強研發能力，配合我國的強勢製程競爭力，與政府提供的各項輔導措施，則未來還有更大的發展空間。

中衛中心推動機械產業的考量

中衛中心在輔導機械產業推動中衛體系發展上，主要考量

有下列四項：

一、發展多元化合作體系結構：以機械工業合作體系之基礎，發展新興工業合作體系。

二、傳統工業升級及轉型：協助零組件廠商，開發及生產精密零組件。並提升衛星工廠經營管理水準。

三、跨業合作及策略聯盟：促進合作生產、合作行銷、維修服務據點共構及零組件標準化、共通化等實質合作關係。

四、強化合作體系經營體質：以品質、交期、成本為基礎，強化合作體系行銷管理及研發管理能力，以及培育合作體系經營管理人才。

機械產業中衛體系推動作法

一、推動作法

由中衛中心推動機械業進行策略聯盟跨業合作，為強化產業總體競爭力，以降低生產成本，提升附加價值，建立機械業合作體系——中心廠群包括：工具機業、木工機械業、塑膠機械業、縫紉機業和產業機械等五大類。衛星廠群包括：精密零組件業、機械加工業、空油壓組件業、鑄造業和其他機械相關衛星廠五大類。合作體系的運作模式包括：技術引進、合作開

發、合作生產、合作行銷、採購合作、合作售服六大項。有關中衛中心推動「機械產業合作體系推動作法」,詳見圖 2-3-1 的介紹;「機械產業重點衛星育成輔導」,詳見圖 2-3-2 的介紹。

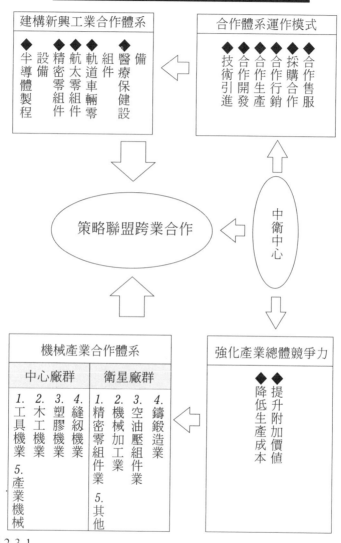

機械產業合作體系推動作法

建構新興工業合作體系
- ◆ 半導體製程
- ◆ 設備
- ◆ 精密零組件
- ◆ 航太零組件
- ◆ 軌道車輛零組件
- ◆ 醫療保健設備

合作體系運作模式
- ◆ 技術引進
- ◆ 合作開發
- ◆ 合作生產
- ◆ 合作行銷
- ◆ 採購合作
- ◆ 合作售服

策略聯盟跨業合作

中衛中心

機械產業合作體系	
中心廠群	衛星廠群
1.工具機業 2.木工機業 3.塑膠機業 4.縫紉機業 5.產業機械	1.精密零組件業 2.機械加工業 3.空油壓組件業 4.鑄鍛造業 5.其他

強化產業總體競爭力
- ◆ 提升附加價值
- ◆ 降低生產成本

圖 2-3-1

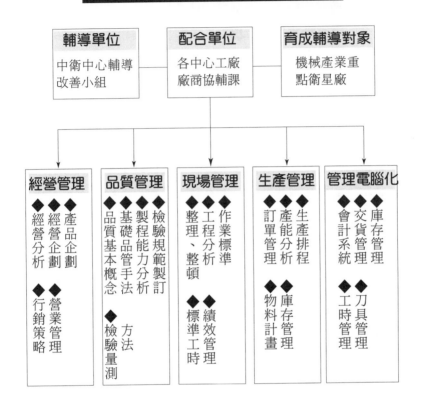

圖 2-3-2

同時並且進一步推動建構新興工業合作體系。包括：半導體製程設備合作體系、精密零組件合作體系、航太零組件合作體系、軌道車輛零組件合作體系、醫療保健設備合作體系、防治污染設備合作體系六大類。

二、重點衛星育成輔導

由中衛中心成立輔導改善小組；配合單位為各機械業中心工廠廠商協輔課；育成輔導對象則為機械產業重點衛星廠商。輔導項目包括：經營管理、經營分析、經營企劃、產品企劃、行銷策略、營業管理。

就輔導改善的重點項目而言，在品質管理方面：包括品質基本概念、基礎品管手法、製程能力分析、檢驗規範制訂、檢驗量測方法。在現場管理方面：包括整理整頓、工程分析、作業標準、標準工時、績效管理。在生產管理方面：包括訂單管理、產能分析、生產排程、物料計畫、庫存管理。在管理電腦化方面：包括會計系統、交貨管理、庫存管理、工時管理、刀具管理。

三、推動垂直合作體系運作

主要工作包括：一、以提升附加價值為目標，強化中衛廠商之技術能力，推動合理化改善以節省工時人力。二、以降低

成本、縮短交期為目標，強化中衛外包管理系統，並推動資訊連線作業。

機械產業中衛體系推動成果

綜觀中衛中心推動國內機械產業的中衛合作體系成果頗為豐碩，不但增強體系廠商間的合作共識，也使得合作模式的架構更形明確和緊密，所發揮出的合作效益也日趨顯著。整個成果茲簡單的區分為下列兩大項來說明之。

在「**推動垂直合作體系進行**」方面——以提升附加價值為目標、強化中衛外包管理系統，並推動資訊連線作業。此方面所呈現各項成果包括：輔導台灣麗偉體系，提升生產管理技術及降低庫存，輔導期間降低庫存兩億元以上；輔導佰德機械體系，達成提升品質及降低成本的預期效益，完成建立施工標準與採購成本的分析制度，成本改善每年一千萬元；完成程泰機械品管系統輔導；提升整體經營管理水準；推行喬山體系的聯合輔導，使停工待料的工時降低三成，產值提升兩成；輔導力山體系推動現場合理化改善，成本改善每年一千萬元；協助台中精機及衛星廠導入資訊電腦連線管理；協助誠岱機械建立品保系統及強化行銷功能，每年經營成長 15%以上。

在「**推動水平合作體系建構**」方面——包括：一、建立以

機械零組件業為主的分工合作體系，例如推動上銀、大和、逢吉、康傑、勤堃、潭子精密等共 14 家廠商，建立零組件合作體系。二、建構以拓展國際市場為目標之行銷合作體系，如推動上銀公司輔導對日行銷合作，共有 8 家參加並與日本廠商建立新產品開發及技術合作關係共創商機，協助大和精密及米其林公司在泰國、馬來西亞設發貨倉庫，拓展東南亞市場。三、提升國別廠商之品質水準，以求水準一致化，例如進行機械週邊零組件廠商行銷管理輔導及建立國際品保系統。四、提升經營管理水準及企業規模，以 3～5 年為一階段展開目標管理，每年設定輔導五家以上工廠，使其營業額超過一億元，並逐年成長。

【案例 1】台灣麗偉中衛體系推動實績

工具機大廠台灣麗偉電腦機械股份有限公司，成立於 1980 年，憑著不斷研發創新，產品已行銷至全球各地，在國內甚至國際上迭創佳績，產品深獲歡迎與肯定。在世界性的展覽會中，麗偉的產品也成為台灣科技表徵，並且透過外交部的技術援外方案，也使得台灣麗偉工具機的觸角，延伸到了約旦、土耳其及南美洲等地。

台灣麗偉自成立以來，即秉持中衛合作體系的作法，與衛

星工廠分工合作,因此在創立初期即有出色表現,不僅在成本、交期上能滿足需求,在品質上透過專業技術分工,更有不斷的創新與提升。而在加入中衛產合體系之後,更提升了台灣麗偉的經營體質,使中心廠與衛星廠間孕育出相互激勵、持續改善的能力。

中衛中心在過去降低庫存專案的協助下,曾使台灣麗偉庫存金額降低一半以上;在製程管理上的協助規劃,使生產效率有效提高;在品質方面的指導方面,更使台灣麗偉得以榮獲第八屆國家品質獎。

【案例2】台中精機中衛輔導實例

工具機大廠台中精機廠公司於 1988 年 4 月 5 日,奉工業局核定為第一類即機械類之中心衛星工廠體系之中心廠,核准登錄台中精機體系 7 家衛星工廠;1992 年藉中衛中心,核發合格証書機會,再續提 12 家協力廠辦理第二批申請評鑑登錄。

為配合中衛中心之積極推動,台中精機於 1990 年成立中衛體系運作推動小組,專責統籌策劃協力衛星廠之管理輔導及中衛中心各項事宜配合等工作;並於 1991 年 1 月配合 ISO-9000 品保體系成立「外包管制執行機能委員會」針對協力廠評鑑、發包計畫、品質管制及輔導等各項加強實施。

其推動之目標包括：一、健全中衛體系以達到共存共榮、同步成長；二、協助協力衛星廠整合成長，衛星廠 20 家，固定之協力廠 20 家，評估試用之協力廠 10 家；三、推動及時生產系統 JIT、以訂單日期零誤期為目標；四、落實免檢制度；進行自主檢查、免檢保證之推動，免檢 40 家。

輔導成效分別有：衛星廠整合（流程整合）、中衛電腦連線、協力廠定期及不定期輔導、協力廠考核、推動 ISO-9000 品保制度、推動協力廠商免檢制度，減少對中心工廠之檢驗依賴度等等各項健全輔導制度。

台中精機體系本著對協力衛星廠商，中衛一體，經營同步永續成長、共存共榮，以達成品質、成本、交期、健全體系經營四大指標之經營理念，配合中衛中心之協助支援，不斷突破現狀提升競爭能力，在中衛之間更緊密配合下，台中精機已從國內工具機之領先地位，進而提升至國際領先地位及多角化的永續經營。

【案例 3】力山工業中衛現場管理輔導案例

力山工業股份有限公司成立廿餘年，為國內首屈一指的 DIY 系列鑽床機、木工製造商，產品精良，外銷世界百餘國。因有感於市場競爭之激烈，為強化企業體質，提升競爭能力，

並針對現場管理部分，希望降低無效工時，提高生產效率，乃委由中衛中心協助輔導現場改善工作。

在力山工業的輔導主題包括機會教育、物料供應規劃、生產線作業改善、製程品質改善、生產績效管理和整理整頓——5S 活動。而且輔導案的結束，並不是工廠改善活動的終止，而是步入一個由工廠幹部主導改善活動的開始。

從輔導人員所學習來的改善手法，示範單位種子人員要在工作上多予運用，才能熟習。同時要推展到其他單位，以擴大改善效果。經營階層，不但對改善成果重視，同時，對所屬員工在改善過程中所付出的努力以及學習嘗試的精神，隨時給予肯定與鼓勵，持續不斷地改善也已成為員工良好習慣。近幾年來，力山產品已獲美國主要連鎖百貨業的青睞，成為主要的供應夥伴。

【案例 4】富強鑫中衛輔導案例

富強鑫機器股份有限公司創立於 1974 年，為目前南台灣地區規模最大的塑膠射出成型機專業製造廠商，主要從事各類油壓機器及射出機之研發、生產及銷售。為追求精密的品質、縮短交貨期及降低成本，以提升競爭力及獲利能力，期望藉由中心廠與衛星廠的體系資源整合、體系經營運作及共同持續創新

改善，提升體質，而達到長期互存互惠原則，並以中衛體系共同利益之立場，建立分等分級制度、強化關鍵性衛星廠之體質及輔導並落實免檢制度。

　　經委託中衛中心專案輔導「富強鑫體系衛星廠資源整合與體質提升輔導計畫」。配合中心廠訂定之品質目標與期望，提升衛星廠品質意識及企業經營體質，創造出中心廠與衛星廠之間的互信互惠、共存共榮之良性雙贏關係。

　　在該公司高階層之認知與支持下，成立推動組織，擬訂計畫及設立目標，訂立實施辦法，經過教育訓練、宣導活動和座談會、觀摩活動後，進入執行階段，進行現場巡迴診斷並展開輔導作業，經評估成效、品質情報回饋，進行具體行動改善。其推動重點包括：

1. 成立推動組織。
2. 建立產銷協調管理機制。
3. 建構彈性體系網絡，落實品質管理系統，厚實供應鏈基礎。
4. 資訊蒐集、建立與管理，包括客戶資訊、供應商資訊、製程能力資訊。
5. 制定供應商評鑑與管理辦法；依品質、成本、交期、服務當作主要考評項目。
6. 實施教育訓練。
7. 導入體系廠商分等、分級制度，依交期、製程控管、成本與

　　品質等,以及衛星廠巡迴診斷。

8. 建立並推動免檢制度,分等、分級執行。

9. 選擇關鍵性與高依存度之衛星廠分批輔導,建立績效指標。

10. 免檢資格取得。

11. 優秀衛星廠之獎勵與表揚,定期評估計畫目標與執行成果。

　　每年整體輔導成效包括:增加體系產值近五千萬元、體系改善效益為七百萬元、增加投資金額為百萬餘元。

【案例 5】機械週邊設備業水平合作體系

　　由中衛中心大力促成的機械週邊設備水平合作體系(詳見圖 2-3-3),建立了共同開拓市場、共構行銷據點、共同接單、品牌共用的良好合作行銷模式,是一個極為成功的水平合作典範。

機械周邊設備業水平合作體系

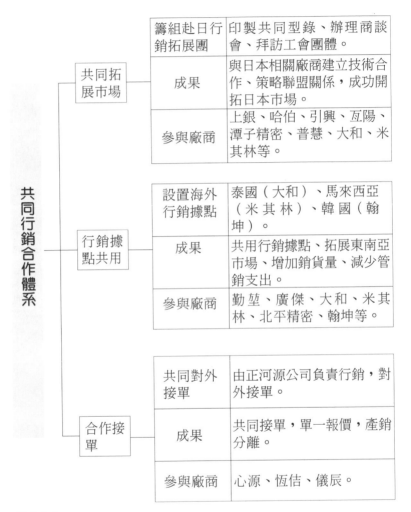

共同拓展市場	籌組赴日行銷拓展團	印製共同型錄、辦理商談會、拜訪工會團體。
	成果	與日本相關廠商建立技術合作、策略聯盟關係，成功開拓日本市場。
	參與廠商	上銀、哈伯、引興、互陽、潭子精密、普慧、大和、米其林等。
行銷據點共用	設置海外行銷據點	泰國（大和）、馬來西亞（米其林）、韓國（翰坤）。
	成果	共用行銷據點、拓展東南亞市場、增加銷貨量、減少管銷支出。
	參與廠商	勤堃、廣傑、大和、米其林、北平精密、翰坤等。
合作接單	共同對外接單	由正河源公司負責行銷，對外接單。
	成果	共同接單，單一報價，產銷分離。
	參與廠商	心源、恆佶、儀辰。

共同行銷合作體系

圖 2-3-3

　　在整體合作的型態上，係由數家公司共同配合。其中在「共同開拓市場」方面，由上銀、哈伯、潭子精密等共組日本行銷拓展團，成功的開發日本市場；在「共構行銷據點共用」方面，由大和、米其林公司等在馬、泰兩國設置共同行銷據點；在「合作接單」方面，由心源、恆佶、儀辰等負責生產，由正河源負責對外接單，在「共用品牌」方面，由福裕以自有品牌，透過國際行銷網接單，販售友廠產品，共創雙贏的局面。

　　由此可見，構築一個橫向面的共同行銷體系，不但可以集合群體力量，進行整體的規劃與運作，共同協助周邊產業，建立更大的產業能量，也發揮了彼此行銷合作專業分工綜效。

金屬產業中衛體系的推動

　　金屬產業為國家建設的重要基本工業，其產業關聯度一直為各業之冠，上游包括高爐及電爐煉鋼業；中游包括各單軋業；下游則涵蓋各行各業，包括金屬製造業、機械業、運輸工具業、電工器材業、螺絲螺帽業、土木工程及建築業等等。金屬業具有帶動下游工業發展、改善工業結構及促進整體經濟持續成長的功能。

　　綜觀近十年來，台灣金屬產業在歷經了長達近十年的不景氣後，在 1997 年起雖漸有起色，但在該年度下半年又面臨東南亞金融風暴的威脅，相對所受影響比較輕微，同時亦提供金屬業者一個極為難得的對外投資機會。

　　從 2002 年第一季開始，由於海內外多種因素推動，尤其是中國經建強勁的需求，帶動世界鋼價從谷底開始反彈，並持續維持在高價位上。鋼價上升帶來了金屬產業投資的熱潮，鋼鐵再次成為各方資本逐利的對象，成為資本運作和增值的沃土。近來中國市場開放後，以地理位置言，台灣的受惠程度明顯高於其他亞洲國家，台灣的金屬產業以及台商在中國投資的工廠產能均供不應求。其中又以能夠生產中國本地廠商所無法生產

或產能不足的業者最有利，如鍍鋅、烤漆鋼捲、不銹鋼等，廠商如燁輝、春源、盛餘、千興、彰源等皆是。

展望未來，隨著中國市場需求殷切及國際景氣的急速復甦，以及政府持續推動的高速鐵路、南部科學園區、機場捷運等各項重大公共工程，再加上整體產業結構的日趨合理化與具競爭力等多項利多因素的刺激下，台灣金屬產業的未來仍是維持一段榮景。

中衛中心推動金屬產業的作法

中衛中心在推動金屬產業的歷程上，首先釐訂長期推動目標為四大項，包括：一、建構金屬產業上中下游的合作網絡。藉以擴大供料及銷售的通路；二、促成金屬產業的水平合作體系，增強對外競爭能力；三、推動實質合作研發及自動化，以提升品質及附加價值；四、提升金屬產業人力素質，強化專業能力的養成。有關中衛中心推動金屬產業中衛體系的目標與策略，詳見圖 2-4-1 的說明。

強化金屬產業上 中下游之合作網	拓展異業間之 水平合作關係	推動實質合作研發 促進產業升級轉型

◆健全上、中、下游體系之分工，建構行銷資訊網絡。 ◆加強合作發展、擴大產業規範，協助體系、廠商朝向上市推進。 ◆以經營互補、技術合作方式，建立合金鋼之產銷模式。 ◆協助開發高品級的鋼種，朝向高附加價值產品市場發展。	◆加強與各公會間之溝通、聯繫，以促進各產業間之合作，並建立跨業合作體系。 ◆推動產銷分工及行銷合作專業發展。 ◆加強與異業合作之推動，協助進入科技產業供應鏈體系領域。	◆協助國內外技術合作交流，並透過新技術的引進加強產業的競爭力。 ◆結合生產共同產品之金屬業者，組成行銷合作體系，共同拓展海外市場。 ◆運用產業策略聯盟，協助中、下游共同開發產品，減少國外進口之依賴。

圖 2-4-1　金屬產業推動目標與策略

　　中衛中心針對以上目標，以現有金屬產業上中下游體系為基礎，積極推動各項實質合作網絡，以達擴散影響的效果。同時配合政府政策，發展國際及兩岸之金屬產業合作網絡。此外，加強體系人才共同培育之輔導，並透過體系聯誼會之運

作，共同引進國外金屬產業技術專家前往指導，達到技術共同提升的目的。

金屬產業中衛體系推動成果

　　中衛中心在推動金屬產業的上下游體系上，所展現的成果可謂十分的豐碩，茲分：**推動水平合作體系建構、鋼鐵上中下游體系輔導、提升金屬業上下游加工業品質、非鐵合金異業合作推動**等四個範疇來說明之：

　　在「**推動水平合作體系建構**」方面——先後推動成立包括友信、宗鉦、英德公司等螺絲螺帽行銷合作體系，並共同規劃聯信檢測實驗室，共設海外行銷據點分散市場。在這方面，友信體系接單成長四成，費用降低一成；宗鉦則穩定取得中鋼公司原料，並朝集中設廠建立小型專區方向來努力。此外，建構振鍵體系，並與大型工程公司進行策略聯盟；推動碳鋼上中下游中衛體系的建構；也推動包括榮剛、華卡等合金鋼技術合作體系，完成工具鋼、切削鋼之開發，替代進口鋼料每年五千萬以上，進而能拓展外銷。

　　在「**鋼鐵上中下游體系輔導**」方面——包括新光、燁輝、世豐公司等屬中鋼二層體系的現場改善輔導，各體系平均效率提升 5%以上；此外，也推動上、中、下游電腦連線作業，包括

鋁合金業，環豐、宗鉦等螺絲螺帽業，和名佳利及第一銅鐵公司在內的銅工業，導入整體管理資訊系統使管理自動化，人力合理化之效益，並提升管理效益達 15%。

在「提升金屬業上下游加工業品質」方面——完成英德、振鍵金屬工業體系十四家廠商登錄；完成中鋼、新光鋼鐵、振鍵鋼鐵、世豐螺絲等體系之協力廠商輔導，不良率平均降至 1% 以下；協助第一銅鐵、名佳利體系導入全面生產保養制度，減少故障率及檢修時間 10%；輔導友信、宗鉦等螺絲螺帽業品質提升，改善公司形象；輔導華新下游廠商產品認證升級，並加強合金鋼上中下游技術合作，共同開發高級產品市場。

在「非鐵合金異業合作推動」方面——規劃推動第一銅鐵體系與半導體導線架業進行跨業合作，電子聯接器業推行銅鋁及銅材之合作開發、紐新，中鋁轉型開發航太材料及零件等體系。

【案例 1】合金鋼合作體系

榮剛公司有鑑於台灣本島合金鋼過去均需依賴進口，因此不惜重資投入合金鋼的研發製造。由於材料是決定產業能否順利升級的一個關鍵性因素，因此材料工業的不斷發展將帶動中下游產業的進步與繁榮。榮剛公司為國內特殊材料的專業製造

商，以優越之研發、生產和行銷能力，於短短數年間，開發出超過330種特殊合金材料，供應全球國防、石化、機械、鋼鐵、民生、汽機車等工業之客戶選用。

　　中衛中心有鑑於合金鋼乃工業發展之關鍵性材料，卻長期掌握在外商手中，將會對產業升級形成牽絆與阻礙，乃大力協助合金鋼與上、中、下游業者，籌組合金鋼業者聯誼會，並舉辦多場合金鋼技術研討會，充分增強生產者與使用者之溝通管道。有關推動「合金鋼合作體系整體架構」，如圖 2-4-2 所示。

　　為了更進一步讓使用者有參與感，進而分三組（刀具、模具、牙攻）組成實質合作會，讓使用者參與合金鋼材料之研發、試驗、改管工作，進而增進使用信心。中衛中心除輔導榮剛公司成功地建立合金材料產業的垂直整合外，更積極朝向輔導業者進行水平聯盟來努力。經由異業間之相互支持，將各產業之資源重新整合分配，以避免重複投資之浪費；並藉由彼此之合作，累積並提升各產業之競爭優勢，爭取台灣產業在國際市場上的一片天空。

合金鋼合作體系整體架構圖

上、中、下游合作

1. 共同設立海外行銷
   及技術服務中心。
2. 進行國外鋼廠策略
   聯盟。

水平合作

1. 合金鋼業聯誼會及
   產業合作諮詢委員
   會。
2. 舉辦各項合金鋼技
   術研討會。
3. 分三組進行（刀
   具、模具、牙攻）
   推動合金鋼實質合
   作。

合金鋼
製造業
榮剛、華卡

線材加工業
熱處理及表面處理業

螺絲、手工具鋼攤等製造業者
刀模工具鑽頭牙攻等製造

業者聯誼會

建立完整合
金鋼上中下
游體系

合金鋼合作體系效益

1. 業者掌握貨源時效，擺脫
   業者對日貨材料的依賴。
2. 擴大外銷市場及國際競爭
   力。

中衛體系輔導

1. 輔導下游廠商產品升級
   取得國際認證(QS 9000)
   進入 OEM 市場。
2. 協助中下游廠商實驗室
   認證。

圖 2-4-2

【案例 2】營建系統工程合作體系

多年來，我國營建業者均只扮演著製造及施工的角色，而設計及施工技術與工程整合技術，均掌握在外商國際工程公司手上。故國內重大工程利潤及主導與技術累積，一直都是國內營建者所欠缺的。

近年來國內公民營重大工程，在擴大內需及電廠開放民營下愈來愈多，而主包工程仍以外商公司為主。振鍵公司為期改善此種現象，並有效整合及累積技術，乃在中衛發展中心的推動下，於 1998 年 3 月邀集了同屬下包廠之各類型不同產品分包商，共同整合成立了營建系統工程合作體系。有關中衛中心推動這項「營建系統工程合作體系推動架構」，如圖 2-4-3 所示。

本合作體系主要在以振鍵公司為主導核心廠，結合鋼構、鋼管、壓力容器、吊車、輸送設計等廠商，直接向台塑六輕承包工程。在分工合作中，藉以累積實作之工程設計、施工整合等關鍵技術，並獲得了極為豐碩的績效與成果。未來中衛中心將積極協助其擴大合作對象，進而擴展至其他重大投資及公共工程上，並協助提升整體工程技術能量，藉以達到工程技術根植國內之目標。

營建系統工程合作體系推動架構

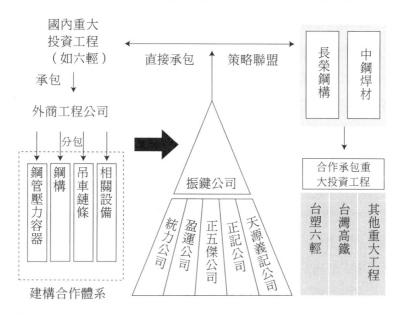

國內重大
投資工程
（如六輕）

承包 ↓

外商工程公司

直接承包　策略聯盟

分包

| 鋼管壓力容器 | 鋼構 | 吊車鏈條 | 相關設備 |

建構合作體系

振鍵公司

統力公司　盈運公司　正五傑公司　正記公司　天源義記公司

長榮鋼構　中鋼焊材

合作承包重大投資工程

| 台塑六輕 | 台灣高鐵 | 其他重大工程 |

圖 2-4-3

【案例 3】螺絲螺帽行銷水平合作體系

　　以友信集團為主軸，所成立的螺絲螺帽行銷水平合作體系，建立起統一向國外進口商接單、合作成立實驗室、海外共同行銷的三大合作機制。在整個合作體系的運作上，推動包括客戶市場、管理、會計、資訊系統等資源，進行共同規劃、合作、整合與共享之聯合機制，此外也成立共同檢測體系，來提升檢測專業水準。這項合作行銷的水平合作體系成立後，在業務、管理、財務、品質等四大構面上，均發揮了極大的升級效益。

　　在「業務面」方面，客戶的規模也提升為大型客戶，營業額提升了四成，也增加生產的種類，客戶區域由原先 35 國擴增到 65 國；「管理面」也成立總管理處，由原先中小企業的作業模式成為組合企業營運模式，並建構整體國際網際網路；「財務面」除增加稅後純益外，往來的銀行也打入國際化銀行；在「品質面」上，由於共同實驗室的成立，使所生產的品質也紛紛通過各項國內外認證。

　　透過螺絲螺帽共同行銷中衛體系的建構、推動及發展，除可加強金屬工業中衛體系的運作外，更可造就台灣基礎工業的典範，有關中衛中心推動這項「螺絲螺帽行銷水平合作體系推動架構」，如圖 2-4-4 所示。

螺絲螺帽行銷水平合作體系推動架構

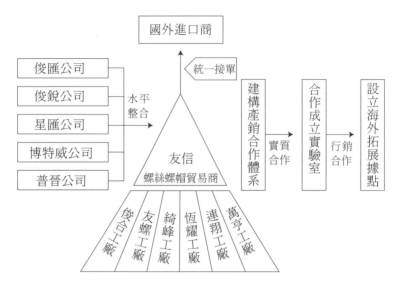

圖 2-4-4

資訊電子產業中衛體系的推動

　　資訊電子產業主要的範疇，包括了大家所熟知的資訊、通訊、消費性電子、工業電子、運輸用電子、國防電子，這些產品功能的進步與產業的成長，不但提升了人類生活的品質，同時也引領了資訊化社會的來臨。而驅動電子產品進步的力量，則來自半導體的不斷創新。因此我們也可以將此產業的內容，簡單區分為資訊工業及半導體工業兩大主項。

　　台灣資訊工業發展十分蓬勃，在全球市場佔有舉足輕重的地位，但因資訊產品不斷地推陳出新，世代更替很快，且成本及售價長期呈現快速下跌的現象，因此需求成長也相當快速，這卻也是台灣資訊工業得以發展的利基所在。不過因售價下跌太快，一旦庫存控制不當，損失相當可觀，因此它是一個高成長、高獲利卻高風險的產業。未來在全球化專業分工的趨勢下，價格競爭日趨激烈，如何導入新的經營管理方式來提振競爭力，則是業界的當務之急。

　　半導體工業的重要性，由日本人稱它為「產業稻米」，而歐美人士稱它為「電子工業的原油」看來，實不言而喻了。由於半導體是電子產品的重要零組件，因此一國半導體工業的強

大，代表其電子產品也將立於不敗之地。而半導體技術的先進地位，也可以表彰一國在工業科技上的領先形象。各先進國在推動高科技時，均選擇半導體做為優先發展的對象。如果我們放棄半導體的發展，台灣電子工業就是無根的工業，產品附加價值無法提高，而輝煌的業績，亦只不過彰顯出裝配王國的名號而已，由此可見提升台灣半導體工業的競爭力，具有無比的重要性和迫急性。

中衛中心推動資訊電子產業的作法

檢視台灣資訊電子產業所面臨的經營環境，勢必要朝大型化、專業分工發展的方式，建立起合作關係更趨緊密的中衛體系營運模式，藉以發展出整合性的生產、行銷、服務與國際化之整體經營型態，方能有效提升產業的競爭力。在半導體工業方面，由於投資金額日益龐大，技術變化日益快速，為了要規避經營風險，各式策略聯盟和導正市場次序的活動，正如火如荼的展開，而集中資訊專注於最具核心競爭力產品的專業分工生產方式，已是大勢所趨，這種既競爭又合作的模式，將會是半導體工業未來的生存法則。

台灣半導體產業近年來發展迅速，每年投入相關研發、生產及設備採購金額已達數千億元。以台灣目前龐大的投資金額

而言，已可稱爲半導體產業大國了。由於半導體產業是當前國家發展的重點工作，如何藉由半導體產業的蓬勃發展，以帶動傳統產業升級，將成爲中衛中心責無旁貸的任務，以協助傳統產業再升級。因此中衛中心爲提升傳統產業競爭力，將半導體產業與傳統製造業相結合的推動工作，劃分成兩部份；一爲半導體設備零組件合作推動；二爲半導體耗材合作推動業務。

因爲半導體產業具有高技術、高複雜性、高可靠度、高潔淨性、產品生命週期短、產品變化快的特性，並且需要多種專業人才的配合，其中的技術包含電子、電機、機械、物理、化學、化工、材料控制等應用科學的相互配合，並且對於當前製程技術必須掌握其趨勢，方能建立成功條件。因此台灣半導體產業的榮枯對國家競爭力的影響將十分深遠。

中衛中心爲推動半導體產業合作業務，積極扮演半導體產業與傳統製造產業之間的橋樑。中衛中心不僅推廣半導體設備零組件與耗材的合作業務，並以群體的力量，協助傳統產業升級，輔導製造業體質提升，以符合半導體產業生產的需求標準，拓展高附加價值產品；並以加速產業升級爲目的，進而提升製造業的國際競爭力。爲使資訊電子產業的中衛體系，能夠一目瞭然，茲以圖表方式說明之。在建構完整的「資訊電子產業合作體系之建構」方面，如圖 2-5-1 所示；「半導體產業合作體系架構」，如圖 2-5-2 所示；「建構資訊電子產業區域性合作

體系」，如圖 2-5-3 所示。

資訊電子產業合作體系之建構

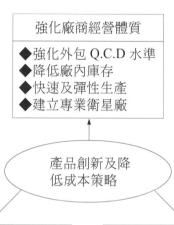

強化廠商經營體質
◆強化外包 Q.C.D 水準
◆降低廠內庫存
◆快速及彈性生產
◆建立專業衛星廠

產品創新及降
低成本策略

透過產業合作或策略聯
盟達成資源互補共享
◆產品展示會
◆共同人才培育
◆原物料及共同採購或研發
◆成立衛星工業區
◆零組件標準化
◆合作開發新產品

協助調整產業結構
◆中心廠朝 R&D 及行銷
◆衛星廠朝生產製造及模
　組化組裝
◆國內工廠生產多種少量
　新機種

圖 2-5-1

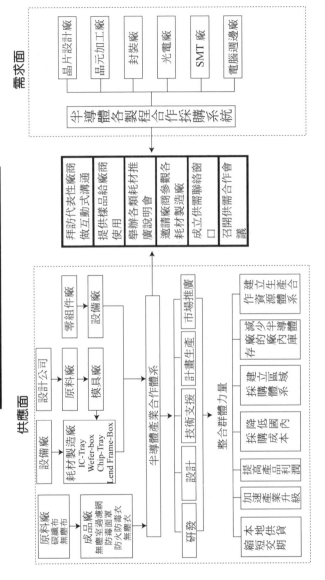

圖 2-5-2

建構資訊電子產業區域性合作體系

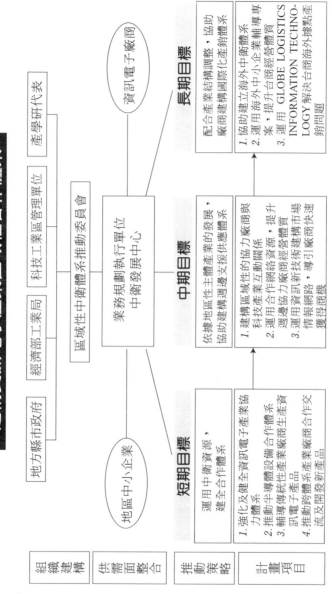

地方縣市政府　經濟部工業局　科技工業區管理單位　產學研代表

區域性中衛體系推動委員會

地區中小企業　　業務規劃執行單位　中衛發展中心　　資訊電子廠商

短期目標

運用中衛資源，
建全合作體系

1. 強化及健全資訊電子產業協力體系
2. 推動半導體設備合作體系
3. 輔導傳統性產業廠商生產資訊電子產品
4. 推動跨體系產業合作交流及開發新產品

中期目標

依據地區性主體產業的發展，
協助建構週邊支援供銷體系

1. 建構區域性主體產業的協力廠商與科技產業互動關係
2. 運用合作網絡資源，提升週邊協力廠商經營體質
3. 運用資訊新技術建構市場情報網路，導引廠商快速獲得商機

長期目標

配合產業結構調整，協助
廠商建構國際化產銷體系

1. 協助建立海外中衛體系
2. 運用海外中小企業輔導專案，提升台商經營體質
3. 運用 GLOBE LOGISTICS INFORMATION TECHNO-LOGY 解決台商海外據點產銷問題

組織建構　供需面整合　推動策略　計畫項目

圖 2-5-3

　　就整體而言，中衛中心推動提升台灣資訊電子產業的合作競爭力，主要朝著推動中衛及區域性等多元化合作體系、輔導業者建立國際化生產體系、藉由政府輔導政策協助廠商提升產業競爭力等三個努力的方向。根據這幾個主要方向，中衛中心自在推動建置資訊電子產業中衛體系時，即規劃未來資訊電子產業短中長期的推動目標，在短期目標上，運用中衛資源，建立合作體系；在中期目標上，依據地區性主體產業的發展，協助建構週邊支援供應體系；在長期目標上，配合產業結構調整，協助廠商建構國際化產銷體系。總體目標是要降低業者的經營成本，及提升國際競爭力。

資訊電子產業推動成果

　　中衛中心推動中衛體系所展現的成果，茲分為：**推動水平合作體系、推動垂直合作體系、推動合作專案、關鍵性經營技術輔導**等四個範疇來說明之：

　　在「推動水平合作體系」方面——針對台灣產業群聚地共通需求之特性，建構出區域性週邊合作體系，例如協助科學園區建立委外加工合作體系，成效逐年成長，外包件數與外包值逐年急速成長；目前，在新竹科學園區還推動成立了光電合作開發體系。此外，也根據南部地方產業特性，協助建構區域性

科技週邊協力體系，和推動成立半導體產業週邊耗材體系，藉此供應鏈來建構廠商相關能量，並協助包括法中科技、立儂、永裕公司等傳統加工業廠商轉型。

在「推動垂直合作體系」方面──推動台灣半導體製造設備及零組件商，建構「半導體設備工業中衛體系」，配合工業局精密機械工業發展小組，共同整合精密機械業者，建立起初步之半導體設備維修能力。

在「推動合作專案」方面──對有合作意願與基礎之廠商，加以篩選、輔導並促成合作體系。例如成立新竹地區傳統塑膠製品業聯誼會，共同承接掃描器產業組裝產品及加工製造，產值每年達數千萬元；推動電子連結器與銅工業合作採購及技術開發案；推動成立 Tray 及 Carrier Tape 體系，並擴展相關材料之發展商機及研發；推動資訊電子業與印刷業成立合作體系，協助傳統產業升級。

在「關鍵性經營技術輔導」方面──為提升科技產業本身經營體質，及對協力廠商配合要求的特性，進行體系主導項目輔導，大幅降低產品之不良率。

有關資訊電子產業區域性合作網絡綜效，詳見圖 2-5-4 說明。今後為因應新竹科學園區未來更蓬勃的發展，中衛中心將繼續推動各項體系發展，使之成為一個區域合作之示範體系。

資訊電子產業區域性合作網絡綜效

一、從產業分工面來看

達成上、中、下游專業分工合作成效：
◆中心廠專注市場行銷、產品開發及成品組立
◆衛星廠則投入組裝、生產與檢驗

二、從產業合作面來看

同類性質廠商越集中，共同需求越多：
◆零組件標準化
◆設備共用
◆共同運輸

三、從產業升級面來看

協力體系升級效益：
◆高品質供應能力
◆具部份開發能力
◆良好經營體質

四、從區域地理位置來看

協力廠集中效果：
◆降低存貨與運輸成本
◆交貨快速
◆即時反應生產現況

圖 2-5-4

【案例 1】A 資訊公司垂直合作體系

　　A 資訊垂直合作體系自導入期迄今已有十餘年，期間中衛中心持續進行的輔導推動策略，共分四期來進行。首先爲導入期，先行進行中心廠基礎改善作業，協助中心廠完成採購技

巧、基礎品管、製程合理等訓練；接著進行第二期的體質強化期，推動中心廠與衛星廠同步改善作業，從功能性個案改善，到系統性聯合輔導；第三期的推動邁向體系經營期，建立合作改善模式，使得生產力及不良率均有大幅的改善。經過三期的圓融運作後，開始進入自主運作期，除協助體系建立自主改善模式外，並擴大參與異業交流改善的衛星廠家數。

A 資訊公司中衛體系在中衛中心的輔導協助下，每年營業額呈倍數成長，業務量也大幅提升，衛星廠也因著中心廠的成長，而相得益彰且在營運績效上獲益匪淺，使得整體系生產總值呈現高成長的趨勢，A 資訊公司中衛體系的成功，可以說是落實中衛垂直合作體系的最佳典範。

【案例 2】新竹科技學園區水平合作體系

為因應新竹科學園區未來更為蓬勃的發展，經濟部工業局在「提升製造業合作競爭力計畫」中，特委請中衛中心執行建構「新竹高科技區域性合作體系」，做為區域合作之示範體系，有關這項體系的推動架構，請參考圖 2-5-5 的說明。

科學園區周邊支援供應體系推動架構

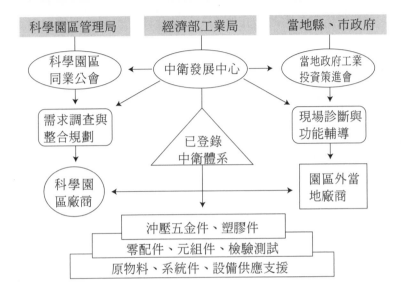

圖 2-5-5

　　在成立初期，園區高科技工業體系已先行推動促成宏碁電腦、神達電腦、台灣慧智、美格科技、美台電訊、力捷電腦等六個中衛體系，計帶動週邊約七十多家衛星廠參與體系運作。中衛中心嗣後成功促成慧智、訊康、東訊等園區廠商，與福林、大晟、同格等週邊廠商建立實質往來關係，嗣後也推動成立光電合作開發體系。

　　這些體系的建立，迅速的帶動週邊桃、竹、苗地區廠商，

共同形成一個互補互利、商機互惠的產業聚群。經由園區廠商提供技術與資源，協助地區產業建立相關經營能量，進而就各合作項目構築完整的合作體系，為強化產業競爭優勢帶來無比的活力。

【案例3】半導體製程設備、耗材合作體系

近年來 IC 製造技術在製程水準上日新月異，台灣半導體生產設備規模已佔全球第三位，但因半導體前段設備完全仰賴進口，且購入之生產設備價格十分昂貴。因此如何有效建立台灣設備自製能力，實為資訊電子產業未來得以持續發展的當務之急。

在中衛中心的努力推動下，以台中三洋電子公司為主體，組成了半導體製程設備、耗材合作體系，此一合作體系的運作方式，是透過合作生產與合作行銷的雙向流通模式來進行。相關廠商包含台中精機、麗馳科技、聯盟、杜邦、永豐餘等公司，此一體系所生產的產品，包括從半導體的工程塑膠原料、包裝材料、製程設備製造，及包裝帶機械與成型機械等。

此一合作模式的建構（詳見圖 2-5-6 的說明），係由半導體包裝材料的上游原料生產廠、中游製造廠，及下游的使用廠與包裝設備製造廠，共同組成水平合作體系，來開發半導體零組

件包裝材，藉由這項合作體系的運作，發展高附加價值的產品，取代進口貨，進而建立台灣半導體耗材製造技術自主的優質能量。

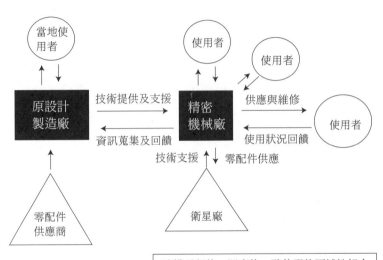

建構半導體設備及零組件供應體系

圖 2-5-6

航太產業中衛體系的推動

　　航太產業代表了一個國家在技術及品質上的總體表現，可做為國家工業的指標；同時因為它結合了國防與經濟的雙重使命，與國家命脈息息相關，所以各國對航太產業均極為重視。今天台灣正邁向已開發國家之林，產業升級的壓力日益沈重，而航太產業因關連性大，附加價值高，品質要求嚴格，除具備帶動產業升級的優良條件外，更具有國際化及獨佔性之特點，適合做為政府發展高科技之目標。

　　由於航太產業產品不僅與電機動力、電力、資訊、材料、機械、化學、通訊等產品的關連性高，而且與經營管理、研究發展、人才培訓、品保系統、財務能力等方面之提升，亦有莫大助益。而其大量衍生之先進技術，轉用至其他產業之產品，均為高附加價值之商品，故堪稱為總體產業之領航員、科技先驅、高科技之重工業。因此航太產業對帶動整體產業之升級有極大效益，為能策進台灣航太產業整體發展，政府早在 1990 年即頒佈其為十大策略性新興工業之一，到 1995 年，經濟部更將「亞太飛機製造及維修中心」正式納入亞太製造中心計畫內，並擬訂台灣航太產業發展的未來策略，以此循序發展漸進。

中衛中心推動航太產業的作法

首先就航太工業的特性來分析，航空工業為一高科技的火車頭工業，涵蓋了機械、電子等各行各業。通常一架飛機是由數十萬種零組件所組成的產品，其零組件品質要求度高，必須經過嚴格之反覆驗證方可採用。由於所涵蓋之技術層次及介面相當複雜，勢必運用既有的中衛網絡，整合各專業領域廠商，建構出一個組織與系統嚴謹，且為一種長期、緊密、多層次的中衛體系關係，方能克奏全功。

有鑑於此，中衛中心為加強國內企業認識航太產業，在推動作法上除經常舉辦廠商交流、診斷、輔導等活動外，並協助有意願廠商進行策略規劃、加強輔導，以擴大產業的規模；接著進行廠商整合與專業分工，運用國際合作案導入，帶領廠商切入航太產業，以加強合作體系的建構。整個推動體系以漢翔為主軸，結合相關物料需求單位與供應商建立物料供應體系，此外也運用飛萊公司運作模式，來建立內裝件合作體系。

有關中衛中心推動「航太產業中衛合作體系推動策略及方式」，詳見圖 2-6-1 的介紹；「航太產業整體推動架構」，詳見圖 2-6-2 的介紹；「航太製造業中衛體系實施步驟」，詳見圖 2-6-3 的介紹；「航機內裝件水平合作體系推動架構」，詳見圖

2-6-4 的介紹。

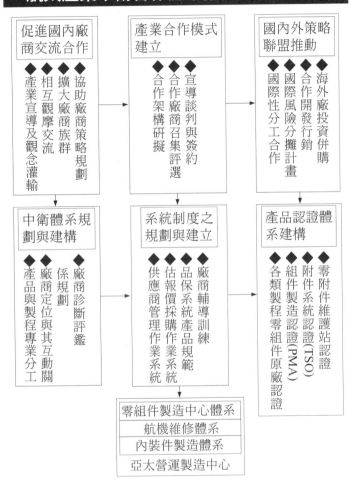

圖 2-6-1

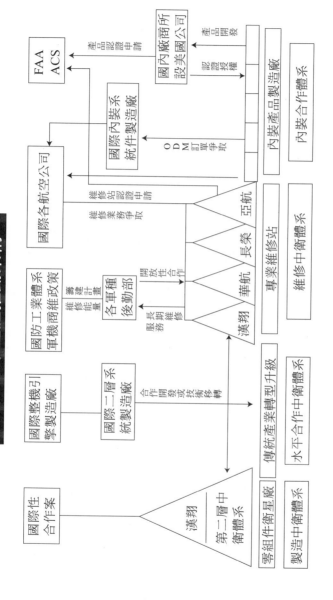

圖 2-6-2

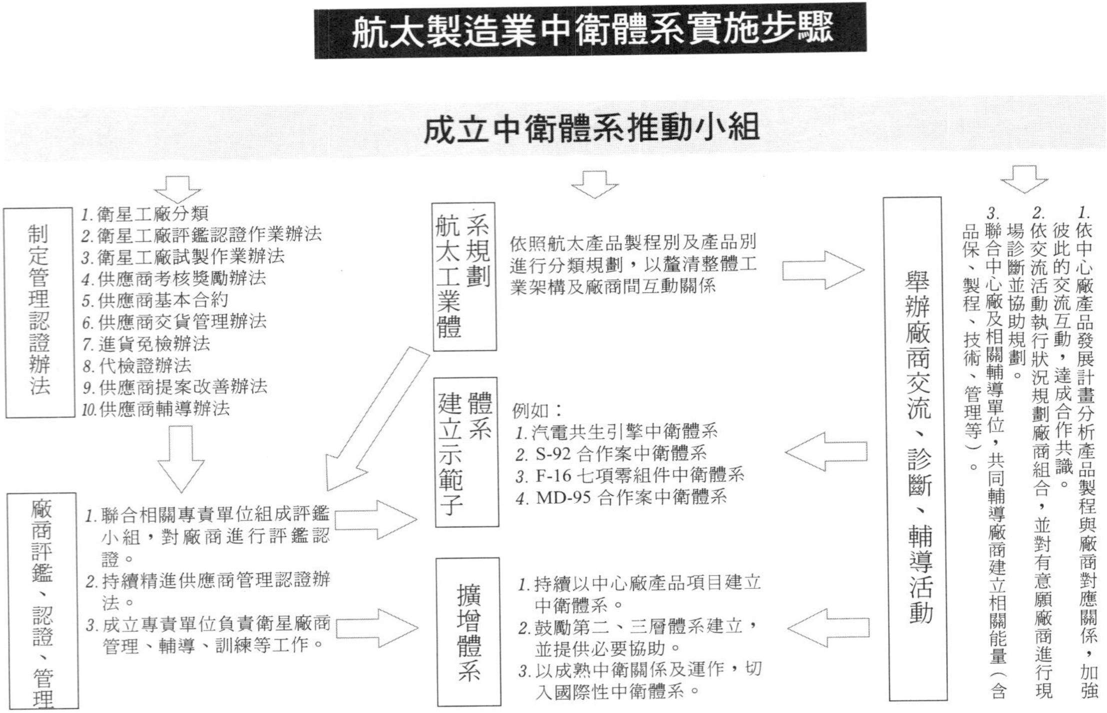

成立中衛體系推動小組

舉辦廠商交流、診斷、輔導活動

1. 依中心廠產品發展計畫分析製程與對廠商關係，加強現場診斷協助廠商並規劃組合，並對有意願廠商進行現...
2. 依此交流的活動互動，達成合作共識。
3. 品保中心廠及相關輔導單位，共同輔導廠商建立相關能量（含製程、技術、管理等）。

航太系視劃工業體系
依照航太產品製程別及產品別進行分類規劃，以釐清整體工業架構及廠商間互動關係

建立示範體系
例如：
1. 汽電共生引擎中衛體系
2. S-92 合作案中衛體系
3. F-16 七項零組件中衛體系
4. MD-95 合作案中衛體系

擴增體系
1. 持續以中心廠產品項目建立中衛體系。
2. 鼓勵供應商第二、三層體系建立，並提供必要協助。
3. 以成熟中衛關係及運作，切入成國際性中衛體系。

制定管理認證辦法
1. 衛星工廠分類認證作業辦法
2. 衛星工廠評鑑認證作業辦法
3. 衛星工廠考核督導作業辦法
4. 供應商考核評選作業辦法
5. 供應商基本合約
6. 供應商試製整機獎勵辦法
7. 進貨免檢辦法
8. 代檢認證辦法
9. 供應商提案改善辦法
10. 供應商輔導辦法

廠商評鑑認證、管理
1. 聯合相關專責單位組成評鑑小組，對廠商進行評鑑認證。
2. 持續精進供應商管理認證辦法。
3. 成立專責單位負責廠商管理、輔導、訓練等工作。

圖 2-6-3

航機內裝件水平合作體系推動架構

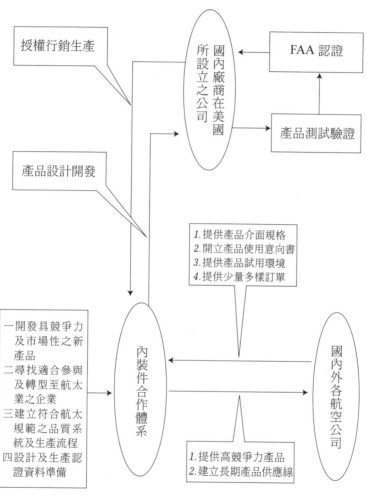

圖 2-6-4

航太產業中衛體系推動成果

　　中衛中心在推動航太相關產業的中衛體系上，其各項成果，茲簡要的以推動水平合作體系建構、垂直合作體系、合作專案，以及關鍵性經營技術輔導等四大項目來說明之：

　　在「**推動水平合作體系建構**」方面——針對航太產業內裝合作體系推動與建構，進行產品合作開發、FAA 認證與共同行銷。例如促成福基與飛萊兩家公司之合作、協助福基進入航太市場、輔導飛萊完成餐車量產規劃，並獲得穩定的訂單、完成航太座椅布福基體系檢測認證、協助飛萊取得 FAA 的 PMA 生產證照、完成建立飛萊倉儲物料管制系統。

　　在「**推動垂直合作體系**」方面——推動漢翔生產體系及維修中衛體系，並建構第二層體系，在漢翔體系下建立示範子體系，例如：汽電共生引擎中衛體系、S-92 合作案中衛體系、F-16 七項零組件中衛體系、航電系統合作案中衛體系等。在推動漢翔體系上，先後舉辦廠商說明會，並組成診斷輔導小組廠商進行診斷規劃，及對廠商進行專案輔導。

　　在「**推動合作專案**」方面——協助推動國內廠商參與 MD95、S92、F16、601K 等國際合作案，以及 GE90 引擎及汽電共生設備合作案。成果包括協助公準公司完成開發奇異公司

（GE）燃燒筒、協助瑞利公司完成開發波音起落架組裝、促成漢翔與飛萊航空貨櫃開發聯盟。

在「關鍵性經營技術輔導」方面——協助漢翔建立供應商管理作業系統，擬定衛星工廠分類、評鑑、認證、試製基本合約及交貨等五項作業辦法；修訂漢翔採購作業規章；完成擬訂漢翔體系建立合作接單作業辦法；建立 FAA 有關航太內裝件認證制度與過程；研究航機系統維修站設置與認證；輔導寶一、鈞堯等公司建立 DI-9000 品質系統等。

【案例 1】航太空服件紡織品策略合作案

航太空服件紡織品策略合作案，在中衛中心的大力居間策動下，結合了飛萊、福基、本盟紡織及飛品四家公司，在航太空服件及紡織品的設計、製作及行銷方面共同進行水平合作，有計畫的協助業者轉向高科技、高附加價值的紡織品來開發。在這項合作案中，福基與本盟紡織為國內專業的紡織公司；飛品公司主要產品為客艙用電子耳機、空服用盥洗包清潔用品項目承製廠商。

在這項內裝件合作體系中，針對個別專業上的分工及合作，共同開發及認證空服用紡織品。由福基負責航空用座椅布、本盟紡織負責空服用毛毯及消耗性紡織品的設計、開發及

製造；飛萊則負責產品的認證測試及與航空公司的行銷通路建立。

　　初期將以滿足台灣島內航空公司的個別需求為主；中長期目標將為設計一系列的空服用紡織品項目及各種樣式組合，以一整體性規劃來符合航空公司整體的企業形象特色，本盟紡織並向國內外各大型航空公司推廣行銷。

民生產業中衛體系的推動

　　民生產業所涵蓋的範圍甚廣，舉凡食、衣、住、行均是此一產業中的大分類。一般而言，民生產業廠商的型態各異，舉凡資本集中、勞力密集、技術本位者都有，但絕大多數仍然是以中小企業為主。民生產業與其他產業相形之下，通常附加價值偏低，但資金動用及周轉率高，且進口比重大於出口。民生產業特質為產品多樣化、少量、製程短、生命週期短，較重視行銷通路，且商業行為重於工業行為。

　　中衛中心在推動民生產業上，所執行的主要項目包括：推動產業合作、促進產業升級、提升產品品質、增強體系廠商之研發能力，使其轉型並跨足高科技產業，或以高科技的生產模式，導引生產高品質之民生產品。由於我國已加入國際貿易組織，民生產業的業者無不倍感壓力，而亟思勵精圖治之道，以免將來受到外來的強烈衝擊。為改善此一情況，中衛中心近十年來，不遺餘力的推動建構各項重點民生產業的合作體系，來協助業者提升合作競爭力，並輔導轉型升級以提高產品的附加價值。

中衛中心推動民生產業的作法

中衛中心在民生產業長期規劃推動的作法，包括：

一、加強中衛體系合作。建構民生體系間上下游分工合作的生產體系，輔導體系協力會的順利運作，並建立合理的產銷秩序；

二、建立同業與異業間的合作體系。推廣紡織及成衣等重點民生產業的合作體系，加強生產一體的品保共識，並結合生化科技產業來共同發展，推動製造業物流合作體系，加強民生產業間的水平合作；

三、協助業界提升經營體質與轉型升級。協助發展高附加價值產品，建立全體系品質保證及訂單生產系統，並培育合作體系經營種子人才。

有關中衛中心建構中衛體系於「紡織產業推動架構與作法」，詳見圖 2-7-1 的說明。

紡織產業推動架構與作法

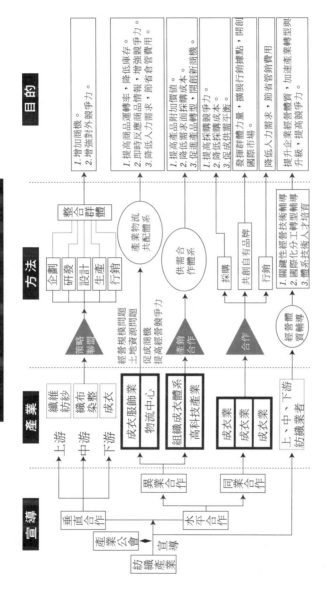

圖 2-7-1

民生產業中衛體系推動成果

　　中衛中心在推動民生相關產業的中衛體系上，所展現的成果，茲分為下面四個範疇來說明：

　　在「強化垂直中衛體系合作案」方面──推動成立怡華、佳和、亞歷山大、奧黛莉、台南企業等重點體系中心衛星工廠協力會運作，強化中心衛星廠之合作關係，擴大中衛體系之登錄，輔導金緯體系成立針織體系專業區，輔導台南企業成衣生產體系的推動與維持，引進自動化生產系統與設備，提升產品品質，承接高利潤訂單，健全其外包制度。

　　在「推廣水平中衛體系合作案」方面──整合無塵紡織品生產體系，結合科學園區廠商異業合作，完成福懋公司等六家廠商，共同成立無塵衣生產合作體系，已替代進口產品約30%，占台灣防靜電無塵衣國內市場 15%；進行航太用紡織品合作開發輔導，完成福基航太座椅布開發，並與航太廠商合作取得 FAA 認證許可，提升紡織業開發能力，跨足航太高科技產業，此外，也持續推動建立長纖梭織業合作開發體系、生化科技合作體系。

　　「建立產業物流共配體系」方面──結合物流及貨運業者，成立中衛物流聯盟，降低配送成本，推動成衣物流合作體

系；此外，也經常召開物流體系會議，協助產業物流共配體系發展計畫，如推動士林電機體系協力會成立共同配送專案等。中衛中心為推動共配體系廠商經營體質改善，成立物流資訊合作體系，以強化物流體系即時、確實之運作能力，提升整體服務能量。同時也對物流體系進行品質系統改善輔導，強化體系整體服務品質。

在「**體系經營體質提升**」方面——為提升體系合作競爭力，進行各項中衛體系示範聯合輔導。在紡織業方面，如怡華體系聯合輔導五家廠商經營管理；金緯體系中衛廠商建立生管品質系統。在縫紉機業方面，如輔導麗興體系，共同建立體系品質制度系統；輔導高林體系，使中心衛星工廠關係穩定發展，不論產品品質、研發能力及獲利率均顯著成長。

【案例1】無塵衣中衛合作體系

「無塵衣合作體系」由福懋及正光公司等六家廠商所組成。該生產合作體系成立的目的，在於提供符合國際標準的高品質國產無塵衣，以滿足國內業者在這項產品上的需求，減少對國外製品的依賴。

紡織品高科技化為紡織業轉型的主要動力，尤其強調功能性、機械性、防護性質，以及紡織品於聲、光、化、電、塵等

微視領域應用的研發，無塵衣系統係源自潔淨製造環境的需求；迄今，電子及生產科技產業投資熱潮仍然不斷，國內科技業者對於無塵衣的需求亦將大幅增加。為發揮無塵衣系統的效果，必須將布料特性、款式、洗滌處理技術互相結合。而上、中、下游企業的合作，已成為無塵衣系統重要的發展模式。

　　無塵衣合作體系的供給面，包括纖維廠、紗廠、布廠、成衣廠、洗濯包裝廠及檢測單位組成的生產合作體系；需求面則由晶圓加工廠、封裝廠、光電廠、生產科技廠、電腦週邊廠及精密機械業者等高科技產業，藉此同時也建立了供需間之異業合作的模式；使產業價值鏈的網絡組成更具實質上的意義。這項生產合作體系的成立，有效的整合了群體的力量，進行共同研發、設計、技術支援、計畫生產及市場推廣，成功創造出紡織工業新的商機。有關中衛中心推動「無塵用紡織品合作體系」，詳見圖 2-7-2 的說明。

無塵用紡織品合作體系

生產面

過去情形

1. 無塵用紡織品上、中、下游仍未建立。
2. 國內製造以OEM為主。經濟規模有限。
3. 國際化市場沒有競爭力。

需求面

1. 電子資訊、通訊產業各自獨立。
2. 無塵用紡織品100％仍仰賴進口，採購成本很高，品質與交期無法掌握。
3. 品保與檢測知識不夠完整。

中衛發展中心

現在情形

1. 完成福懋、正光等六家生產廠商、成立「無塵衣合作體系」。目前對內需求約4億元／年，至88年6月止已取代進口品約30％（預計未來兩年內可增加至8億元）。
2. 促使傳統紡織產業升級，並提升產品附加價值，增加產品利潤約20％～30％。
3. 大幅提升無塵衣中衛體系廠商品保能力，不良率控制在3％以內。

1. 高科技產業，無塵衣採購成本已降低約30％到50％。
2. 在體系強大宣導推動下，大幅提升需求廠商品保檢測能力。
3. 無論在品質、交期、舒適度與款式等各方面，均能滿足及符合使用者之需求。
4. 擴大交流至製藥業、食品業、生技運用等異業產業，宣導成立聯絡窗口。

實質合作

產業合作示範案例

未來情形

擴大影響層面

圖 2-7-2

【案例 2】中衛物流聯盟

　　物流活動在台灣工商業發展的過程中佔有關鍵性的地位，有鑑於物流運輸市場競爭日趨激烈，為結合儲運能量，以增益物流共同經營效能，加強結合外部資源，進而帶動合作夥伴的跨業合作能力，藉以達成提升服務品質，降低營運成本，以嘉惠消費者之目標，而成立中衛物流聯盟。

　　由中衛中心輔導成立的中衛物流聯盟成員包括：海灣國際、全博倉儲、勝茂物流、城乙物流等物流中心，另外由聯州通運及領鮮物流負責運輸。

　　這項物流聯盟的成立所產生的效益，除了提升聯盟成員自身的經營效能外，並透過物流共配的服務，協助製造業者減少倉儲配送及人事費用、降低庫存量、提高商品運輸率、掌握流通情報，有利快速反應、達到經濟規模降低流通成本，與結合通路強化行銷能力。有關中衛中心推動「製造業物流合作體系」，詳見圖 2-7-3 的說明。

製造業物流合作體系

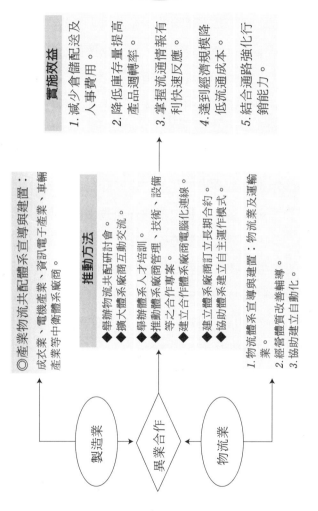

◎產業物流共配體系宣導與建置：
成衣業、電機產業、資訊電子產業、車輛
產業等中衛體系廠商。

推動方法

◆ 舉辦物流共配研討會。
◆ 擴大體系廠商互動交流。
◆ 舉辦體系人才培訓。
◆ 推動體系廠商管理、技術、設備
　等之合作專案。
◆ 建立合作體系電腦化連線。
◆ 建立體系廠商訂立長期合約。
◆ 協助體系建立自主運輸模式。

1. 物流體系宣導與建置：物流業及運輸
　業。
2. 經營體質改善輔導。
3. 協助建立自動化。

實施效益

1. 減少倉儲配送及
　人事費用。
2. 降低庫存量提高
　產品週轉率。
3. 掌握流通情報有
　利快速反應。
4. 達到經濟規模降
　低流通成本。
5. 結合通路強化行
　銷能力。

推廣示範成果
擴大產業合作

製造業

異業合作

物流業

圖 2-7-3

【案例 3】台南企業中衛體系

台南企業近幾年來生產策略，逐漸由自製轉向外包發展，外包金額佔營業額比率超過四成，因此亟需健全其中衛體系之建置與管理。中衛中心為協助台南企業中心廠改善其衛星工廠的體質，加強體系廠商間的溝通聯繫，尤其著重在輔導該體系協力會之運作。

中衛中心為健全台南企業中衛體系協力會的運作，對體系廠商推動各項輔導工作，包括進行廠商診斷及輔導專案，舉辦各項經營管理研習營、生產技術與外包技術研討會，及教育訓練等人培工作，同時表揚績優衛星廠，加強彼此的交流與聯誼活動，並安排體系廠商相互觀摩見習等活動。

綜觀整個輔導成效，對台南企業的中衛體系廠商而言，顯著的改善了他們的經營體質，提升人力資源的素質與技術能力，並增進彼此榮辱與共的凝聚力。

【案例 4】怡華＆佳和中衛體系

有鑑於紡織產業受到全球區域性經濟體系的形成、進口國家保護主義政策的設限措施，以及種種多重不利因素的交相影

響下，經營愈加艱辛。怡華體系中心廠提出不轉型即無發展的課題，爲此結合體系衛星廠來共同努力。

　　爲協助怡華＆佳和體系進行較具結構性的策略及執行計畫，中衛中心首先推動整體系未來發展的遠程規劃，導入方針管理及策略規劃系統，並進行體系人才專業訓練的培育工作、加強員工品質意識教育訓練、改善事務流程。在初步發展的階段，便達到降低成本約 980 萬元／年，及產值增加 6%的績效。未來中衛中心將繼續協助怡華＆佳和體系加強核心競爭能力，並達成各階段目標設定的遠景藍圖。

第三章

兩岸中衛體系及個案經驗談

中華汽車帶領衛星廠深耕中國

　　創立於 1969 年的中華汽車，可能當初沒有想到竟然在 26 年後的 1995 年，能帶領一群汽車零組件衛星廠到中國大陸搶灘成功吧！

　　與日本三菱汽車建立長期合作關係的中華汽車，在認真汲取並內化日方的經營管理"Know-how"後，且研判未來中國商機可期之下，九年前林信義先生登高一呼，號召了中華台亞、合信、信昌、大億、東陽、全興工業、台裕橡膠、中光橡膠、正道等 30 家陣容堅實的零組件協力廠商一起進軍中國大陸，使得首度由台閩合資成立的東南汽車，能夠順利搶攻大陸的輕客車與轎車市場，此舉深受汽車業界的矚目。

　　這印證了在台灣運轉得愈來愈圓熟的車輛產業中衛體系，移植到中國後也能運作得可圈可點，因而引起外界的好奇，且進一步想了解中華汽車是怎麼做到的？

　　中華汽車從量產開始至今約 30 年的歲月，累計內銷已超過 150 萬輛，其台灣市場占有率維持在 20%左右，外銷到美國、中東、東南亞等地的組套件則超過 35 萬輛(套)。至於營業額，亦從早年的 1.48 億元躍升到 2003 年的 556.08 億元，如此亮麗的表

現，使之成為眾所矚目的明星企業。

　　目前在汽車圈非常耀眼的中華汽車，提起其早期，也有令人莞爾的一面。在該公司服務 20 多年的總經理蘇慶陽，曾以「兩岸經營策略」為題，暢談中華汽車面對兩岸入世(WTO)的挑戰如何佈局時透露，回想起以前剛出爐問世的得利卡商用車，不僅塗土就塗了十幾公斤，且車子一開動就會脫落，還有，車門也做得不很牢固，記得第一輛要交給高雄煉油廠的車子，由來自高雄的經銷商總經理試坐回去，還必須沿路用手拉著車門，以防車門掉落呢！他說，儘管當時做出來的車子不怎樣，也能賣得出去，現在看起來像笑話。不過，確實如此。從這裡更可端視出，中華汽車的進步是多麼神速。

　　其實，中華汽車早年只是做套件(SKD；Semi Knock-Down)組裝製造，即從國外買套件進來組裝成車後販賣，當時由於人才缺乏，只能找些軍中退役且曾去國外受過訓，或是在國內大學唸機械工程者來幫忙做裝配而已，沒什麼研發能力可言。後來，隨著市場對車子需求量增加，不僅本身全力去推動人才培育、提升品質、降低成本、強化設計研發、加強行銷、滿足顧客服務等事宜，再加上汽車零組件工業的蓬勃發展，此乃造成中華汽車得以快速發展的要因。

　　事實上，從台灣汽車工業的發展過程就可窺見中華汽車的成長足跡。

回顧台灣汽車工業的發展，從最早 1953 年的試產期，之後歷經 1959 年開始的裝配技術導入期、1968 年起的生產技術導入期、1979 年進入生產技術吸收期、1985 年起面臨市場自由化期、1992 年邁入國際化推進期等一路走來約半世紀，其中面臨過有時禁止、有時開放外國車進口的政策下，搞得汽車業不敢輕易投資。不過，直到 1992 年公布汽車工業發展策略後，宛若給業者吃了定心丸，才促使裕隆、中華汽車分別成立技術研發中心——YATC 與 CARTEC，擴大投入汽車研發工作。

　　由此可知，中華汽車是誕生在生產技術導入期，在創立後的第二年即 1970 年就與日本三菱汽車簽訂技術合作，之後又於 1986 年引進日方的資金，三十幾年來認真踏實地吸收、學習以及內化日方的品質管理、生產技術、研發、行銷、服務等經營技巧後，已有青出於藍而勝於藍的實力。蘇慶陽不諱言指出，如今中華汽車在生產技術層面可說已達到國際級的水準，但所欠缺的只是品牌而已。

　　眾所周知，羅馬不是一天造成的，中華汽車也一樣，是經過許多的淬鍊才有今日的成就。據了解，致力於追求「品質」跟「中華汽車」畫上等號的中華汽車，為奠定紮實的經營品質基礎，從 1980 年起先從品質管理著手。

　　其做法是在「和諧、創新、卓越」的經營理念下，來建立全員品質共識，也就是說，全體員工所追求的品質政策為「企

圖以『合要求』的目標系統，透過『不妥協』的執行程序，達到『零缺點』的產出」，為落實這項政策，除積極導入改善提案活動、品管圈、建立有關車輛的品質資訊系統、成立品質改善專案小組、引進 ISO 9000 系列之品質標準與品質保證制度等，一連串的階段性推行品管運動外，還逐年大力推行「策略性組織變革」、「建立整體規劃體系」、「創造資訊品質，以確保決策品質」、「利潤分享員工」、「混線生產、電腦配料、合理化改善」、「建立中衛體系，成立協力會」、「技術合作與自行開發雙管齊下」、「建立展示中心，提升經銷商的服務品質」等對策，才有日後令人刮目相看的績效。

由於中華汽車持之以恆地深耕品質的提升，而深獲外界的肯定，所以，近年來不但通過 ISO 9001、ISO 9002、ISO 14001 驗證，還榮獲國家品質獎、日本設備維護協會（JIPM；Japan Institute of Plant Maintenance）頒發的「TPM 優秀獎」等難能可貴的獎項。

而在上述諸多優質的對策中，特別來談談其如何建構中衛體系這部分。不可諱言中衛體系，是中華汽車得以成功的關鍵因素之一，在自製率日益提高到七、八成之後，面對龐大的採購金額與需求，深覺建立堅實的中衛體系，不僅可以掌控供料來源的穩定性，還能經由中心廠的輔導、協助來提升這些衛星廠的品質管理，使得品質的觸角可延伸到上游零組件供應商，

確切做好品質的源頭管理。

於是在 1990 年正式成立了「中華汽車協力會」，其目的是中心廠透過各種知性、感性活動，來鞏固衛星廠的向心力，進而提高整個體系的競爭力。目前中華汽車的衛星廠有125家，涵蓋了電裝品、塑膠件、機械加工、大鈑金件、橡膠件、小沖壓件、專業件、標準件等領域，其中只有 79 家實力堅強者成為該協力會的成員，如士林電機、大億、松下、東陽、三龍、全興工業、六和機械、正道、瑞利、協欣、台裕橡膠、中光橡膠、正新輪胎、中華台亞、合信、信昌等都納入這個網絡組織。

而這個中衛體系是如何運作？據了解，在知性活動層面，如曾聘請日本三菱汽車的顧問來台為衛星廠做輔導；成立跨部門輔導小組，輔導衛星廠進行各種合理化改善；制定免檢獎勵辦法，積極推行免檢制度；實施材料統購，協助衛星廠取得優惠價格，並確保材料供應來源等，這些都持續在進行中。

不過，中華汽車採購部經理吳煒地強調，近年來面對市場劇烈的競爭，一向把衛星廠視為生產線的延長之中華汽車，更加重視對衛星廠在「品質、成本、交期、研發(QCDD)」的要求，「QD」是必備門檻，「CD」則是競爭之所在，因為當前各家汽車廠的生產技術都在伯仲之間，勝負取決於成本與創新研發，因而，中華汽車更需要衛星廠在「QCDD」的密切配合，來提升體系整體在開發新產品與競爭的能力。

　　基於此，中華汽車一方面透過輔導來改善衛星廠的體質，舉例來說，各部門就積極啓動輔導衛星廠的機制，如設置提升品質團隊(Q-up Team)，當客服部門接獲顧客抱怨或不滿的訊息時，會立即將它反應給專案團隊，然後由中衛廠一起找出問題之所在，並共同來解決之；進行各種改善活動時，先挑選標竿「示範線」開始做，等做出績效後，再從這個「點」擴展到「線」，然後再從「線」擴散到「面」；積極透過價值分析與價值工程 (VA/VE)活動，在維持產品原有機能下，來降低零售成本；建制即時又透明的產銷資訊平台，做到下訂單後「七日達交」的作業系統，能做到這麼快速反應的供應鏈，在國內汽車業算是佼佼者。

　　另一方面以評鑑機制來激勵衛星廠改進，如每個月評選出 10 家「QCDD」績優廠商，立即給予貨款提前支付的獎勵，並且每年評選出 12 家「QCDD」績優廠商，然後各家推選二位員工，由中華汽車負責招待出國見學。

　　還有一項清廉的採購機制，就是由各部門組成的「衆議制」零件發包體制。由於採購過程一切公開、公平、公正，完全以衛星廠的「QCDD」爲考量依歸，一來可防範舞弊行爲之發生，二來衛星廠不需花心思於交際應酬，這方面頗受衛星廠的肯定。

　　此外，還會運用一些知性、感性兼備的和諧機制來增進彼

此的情感，譬如，舉辦衛星廠高階經營者座談會、高爾夫球賽、幼獅會教育訓練（以實際參與企業經營的第二代為主）、中階主管教育訓練，以及北中南各區示範廠商的觀摩與心得分享活動等。吳煒地指出，對於全力支持中心廠降低成本爭取外銷的衛星廠，到年底有盈餘的話，也不忘回饋衛星廠，使中衛體系得以利益共享。

在生產技術、品質管理、設計研發、市調、行銷、服務等經營層面練就了一身功夫的中華汽車，為何會跨海去對岸投資？

蘇慶陽說，眼見台灣汽車市場需求，已從高峰的 57 萬輛掉落到 34 萬輛後，除深覺汽車業要外銷才有生存空間外，也感受到未來隨著兩岸環境的變遷，必須把大陸納入國際佈局的策略不可。再者，中華汽車的商用車早在十幾年前就已被引進到中國大陸市場，當時經由經銷商偷偷地將車子分解成組件，運到對岸後再組裝成車販賣，頗受大陸市場歡迎且利潤也很不錯。綜合這些因素，幾經研究分析後乃決定先切入大陸的輕型客車這塊市場。

於是在 1995 年左右到中國大陸尋找適合的合作夥伴，對岸有上百家汽車廠，規模大的要接觸不太容易，幾經商談，最後敲定與福建省的福州汽車廠合資設立東南汽車公司，1996 年先進去用舊廠試做一年銷售了 2,700 輛車，邊做邊證明這個台閩汽

車合作案是可行的，到 1998 年才正式獲中共國務院批准。獲准後，於 1999 年從台灣派遣上百位技術人員前去福州青口整地建廠，周邊則有 30 幾家台灣汽車零件協力衛星廠商一起過去設廠，儼然已形成一座東南汽車城。

吳煒地說，跟隨中華汽車過去的中衛體系，彼此間有股革命情感存在，那種生命共同體之感受更為強烈。由於整車廠與配套廠就集中在同一地區，加上昔日在台灣所建立的合作默契，更可發揮零庫存、交期快、式樣修改快速等多重優勢。

據了解，東南汽車也吸納大陸當地 40 幾家優秀的零組件廠成為其衛星廠，雖說中華汽車把在台灣的中衛體系運作模式帶到大陸推行，初步也建立了中衛體系雛型，而且效益已開始顯現，但初期運轉還不是很順暢，其問題出在因發展太快，導致中階層的人才培育與訓練跟不上來，這方面在初期是很辛苦。所以，不管是中心廠還是衛星廠，必須仰賴台灣這邊經常派遣專業幹部過去做指導、培訓。由於中衛雙方的努力，在很短時間內便讓中衛體系運作步入軌道，使東南汽車在量產後第一年就開始賺錢，且產量也不斷增加。

由於東南汽車積極在大陸 200 個城市建立 69 家一級經銷商、594 個經銷點及 460 個特約維修站之經銷服務網絡。這對銷售量增長大有助益。2001 年賣了 3 萬多輛、2002 年銷售 4.7 萬輛，已成為大陸第二大輕客車廠，僅次於競爭對手金杯客車。

在商用車打穩基礎後，為擴張市場占有率，二年前開始積極部署跨足轎車這個領域。在獲中央審批後，2003 年轎車開始上市銷售，目前東南汽車所產銷的商用車包括得利卡、富利卡，以及 2003 年推出的第一部轎車菱帥等車型，在 2003 年共賣出 8.35 萬輛。由於業績成長驚人，東南汽車將乘勝追擊，在 2004 年規劃導入在台灣熱賣的二種車型加入戰場，如此一來，預估 2004 年可望銷售高達 13～15 萬輛。另外，計畫 2005 年能攻下商用車、轎車共 20 萬輛的市場規模。據悉，一些花大筆錢到大陸投資的國際汽車大廠，對中華汽車花小錢投資東南汽車卻有不錯的效益產生，是又訝異又欽羨。

蘇慶陽說，儘管東南汽車營運還蠻上軌道，但不可只坐鎮在台灣遙控指揮，必須常去大陸與經銷商建立溝通管道。通常台灣的高階經營層會利用週五開完會後，隨即搭機到大陸的北京、上海、南京、廣州、福州等大都市，然後利用周六、日去拜訪各地經銷商，一則聽聽第一線的聲音，再則實際去指導經銷商有關如何做展廳的設計、銷售技巧、服務顧客、蒐集商情等"Know-how"，以及尋覓更多有實力的經銷商，希望透過各種方法來強化行銷與服務能力。

由於兩岸都已加入世界貿易組織（WTO），面對此新的經營環境，不難了解台灣市場競爭將加劇，而大陸市場將大幅開放，在這種情況下，兩岸具有互補合作的良好條件。

　　台灣擁有：一、與國際接軌較早具應對國際車廠的經驗；二、已建立具備適應在地優勢的研發能力與銷售服務系統；三、已建立具國際競爭力的零組件體系；四、已建立在變動環境下的彈性生產體制，適用於入世後難以預測的經營環境；五、已建立完整車廠經營與質量體制。

　　而大陸則擁有與台灣合作的環境，一是同文同種；二是大陸為台灣汽車業發展的重心，相對於其他國際車廠，勢將傾全力投入，包括資金、技術、人才、營運等；三是大陸具有廣大的市場規模，搭配台灣過去長期累積的發展經驗，可快速打造競爭優勢；四是經驗分享，不必重複繳學費。

　　事實上，中華汽車在擁有台灣的經營優勢以及投資經營東南汽車有成之後，也積極尋覓與國際大廠合作的機會，如原來打算在北京設廠的德國戴姆勒‧克萊斯勒，因看到東南汽車的競爭優勢後，轉而到福州設廠，並已於 2004 年 2 月中，由中華汽車總經理蘇慶陽、福建省汽車工業集團董事長凌玉章與德國戴姆勒‧克萊斯勒集團副總裁 Mr. Schalow 等三方高階主管，在福州市西湖酒店宣佈戴姆勒‧克萊斯勒輕型汽車中國籌備處(DCVC)正式成立，此舉正好印證了上述兩岸具有合作條件的最佳寫照。

　　據了解，這項三方的合作案，是經過二年的磋商，終於在 2003 年底獲中國大陸中央的批准，於 2004 年中成立合資公司，

2005 年底正式量產。廠址位於東南汽車附近二公里處，預計初期先行導入朋馳（Benz）品牌的 Sprinter 與 Viano 車型，產能規劃為 4 萬輛，日後再視市場需求擴充到 6 萬輛，這項合作案未來對東南汽車的中衛體系之建構與運轉會有很大的助益。

康師傅在中國推行全面生產管理

　　在中國締造速食麵王國的「康師傅」，深知在比時間與速度的競賽遊戲中，必須不斷地創新、降低成本，才能在商場上占得一席之地，尤其最近在面對市場劇烈競爭的壓力下，決定推行全面生產管理以因應未來的變局與挑戰。

　　「在頂新集團董事長魏應州的大力支持下，希望這次康師傅全力以赴導入全面生產管理活動後，對挑戰降低成本 20%的目標，其效益能如期顯現出來！」，這是康師傅方便麵事業群高階主管一致的期待。

　　在商圈大家津津樂道的康師傅，是台商去中國發展最令人刮目相看的成功案例，它是頂新集團的主要成員之一，這個集團的前身是 1958 年創立於彰化的鼎新油廠，1974 年更名為頂新製油廠，以產銷工業用蓖麻油為主。之後，隨著中國大陸實施改革開放政策，魏氏兄弟嗅出中國未來將有一片美好的前景，乃於 1988 年去考察並當下就決定投資，自此踏上一條蓽路藍縷的創業歷程。

　　據了解，到中國初期仍以從事其製油的老本行，以及投入蛋酥卷的生意，但做得並不是很順遂，導致經營陷入困境。幾

經冷靜思索研究後，以破斧沉舟的心境決定轉戰速食麵市場，看看事業是否能起死回生。果真 1992 年方便麵一上市就一炮而紅，在打響知名度後，魏氏兄弟在中國的事業乃蒸蒸日上，並在其秉持「誠信、務實、創新」的經營理念下，事業版圖更擴及到飲料、糕餅、速食、資訊等領域，頂新集團就在短短十幾年的時間揚名於台海兩岸，其傳奇故事於焉傳開。

魏氏兄弟原本在台灣是默默無聞的製油商，反而是去中國發跡後搖身一變成為聞名的台商，前幾年則以台商身份返台併購味全公司，最近又為搶攻台灣速食麵市場而設立了台灣康師傅，且不惜花大錢在斗六蓋了一座嶄新的工廠，以期產銷能迎合台灣人口味的速食麵，透過兩岸縝密的佈局，來構築其「大中國食品集團」的夢想。

在中國，康師傅可說是「方便麵」的代名詞，當初為何會取名康師傅呢？其實，康是取自健康之音、之意，而師傅是指有一定水平的專業技術人員，給人親切、責任感、專業成就的印象，於是這種強調健康、美味、方便的飲食文化新觀念，一推出就深深抓住大陸消費者的心，進而成為搶購的風潮。

據了解，康師傅方便麵的第一個生產據點設在天津，1992年開始營運後，因美味的紅燒牛肉麵深受大陸消費大眾的青睞，即使採一天三班 24 小時全線生產，還是供不應求，每天在工廠外可看到一種奇特的情景，就是有一條長龍般、捧著現金

等著進貨的卡車在排班。

看到康師傅方便麵這麼受歡迎，更增強了魏氏兄弟在中國生根發展的決心，由於大陸幅員遼闊，且各地區的消費者之口味也有差異，所以，從 1994 年起康師傅不僅相繼在廣州、杭州、武漢、重慶、瀋陽、福州、西安、青島、昆明等全國各地設立了13個生產基地，還擁有300多個營業所、130幾個倉庫，以及 4,500 多家經銷商、3 萬多家直營零售商，在形成如此龐大完備的區域化產銷網絡後，使得康師傅方便麵在中國市場的占有率一直保持龍頭的領先地位。據調查，2002 年約占四成左右，高居領導品牌的地位。

不過，近年來中國方便麵這塊肥肉，已引起中國內陸本地以及台灣統一等企業的覬覦，在競爭日益劇烈下，康師傅的方便麵市場逐漸被侵蝕瓜分。為守住領導品牌的地位，其高階主管無不認為，康師傅必須對內部自身進行體質的強化、降低成本、提高品質、加強服務水平，才能繼續雄霸方便麵這塊市場。

由於康師傅一開始是購買德、日等最先進的自動化機器設備，當時生產層面沒什麼問題，所以，過去的經營重點大部分放在通路、行銷等層面上，畢竟經過這十幾年下來的運轉，已出現老化、劣化的現象，為了改善企業體質，提升營運績效，達到降低成本二成的目標，當務之急必須從提升機器設備的效率著手，因而，決定導入全面生產管理。

據了解，康師傅在經過評比後，覺得中衛中心在教育訓練、出版、輔導經驗等層面較為出色，因而雀屏中選。於是在2003年10月，中衛中心派遣專家去中國做診斷，並提出二年的輔導計畫，再經我與魏董事長溝通後，初步選定天津、杭州、台灣斗六這三個生產據點來推行全面生產管理。

　　負責這項輔導計畫的中衛中心功能技術部經理許石城說，所謂全面生產管理是以提升機器設備效率為主的改善手法，就是透過機器設備的維護、保養等技法，使其恢復原有的性能，自然其運轉的效率就可提高。由於這些工作都要靠員工來做，所以，給員工施以正確的觀念與實際的演練非常重要。有鑑於此，他要定期到上述三個生產據點培訓全面生產管理種子部隊，以及到生產現場做輔導。據了解，康師傅對這次引進的全面生產管理手法期待很高，因而，當中衛中心的專家去中國做輔導時，分散在東北、西北、西南、華東、華南等地的生產據點，各個工廠也要派二位種子幹部就近到天津、杭州學習，以期能將全面生產管理全面推展開來。

　　經常出差去康師傅台海兩岸生產基地做輔導的許石城表示，跟他們接觸幾個月下來，讓他感受到這家企業充滿著活力、求變的氣氛，而且說做就做，是個十足行動派的公司。舉例來說，最近台灣有些企業在2004年推行「320」計畫，即三年內達到成本降低 20%，可是，康師傅面對競爭壓力，卻希望做

到「120」，就是在一年內達成降低成本 20%。雖然要實現這個目標不是件容易之事，不過，因集團最高經營者魏董事長的高度支持，在他一聲令下，全體上下立即展開行動，積極導入全面生產管理等改善企業體質的管理手法，由此可見其求好還要更好的企圖心非常強。

其實，康師傅為擴大方便麵中國市場的版圖，早已意識到配套產業必須同步發展的重要性，所以，十幾年下來，也以合作經營的方式，從台灣引進紙箱、封膜、塑膠叉、調味料等協力衛星廠到大陸投資設廠，儼然已建立了供貨的協力架構，不過，目前康師傅的配套廠分集團內與集團外二種類型，前者因在同一集團，隸屬於配套事業群管理，由於經營理念相同，較好溝通協調。後者雖逐步改善中，但仍存有許多問題，譬如，在品質等各層面還存有一定的差距。

至於這次推行的全面生產管理來說，若想要它能充分發揮效益，是否應考慮由生產方便麵的三個「點」，擴展到「線」（所有的生產據點），再由「線」延伸在到「面」(包括供貨的協力廠)，更進而到頂新整個企業集團。

面對講求時間與速度競賽的 21 世紀，據了解，康師傅的高層已意識到未來應該會建構嚴謹的中衛體系，不過，先從集團內的衛星廠開始著手，因觀念相近，溝通容易，比較能夠落實去做，效果會比較好。

全興嘗試將台灣中衛版移植中國

到彰化，一提起美味的小吃「肉圓」，以及台灣首屈一指的汽、機車內裝組件廠商「全興工業」，當地人一定豎起大拇指說「讚」啦!

肉圓的好吃，不用介紹，大家都耳熟能詳；然而，全興工業這家公司，或許外地人不是很熟悉，而且很多人每天都跟它息息相關，卻不自知——因為像汽車的座椅、門板、方向盤、遮陽板以及機車座墊、置物箱等產品，幾乎都是全興生產的。

事實上，創設至今長達半世紀的全興工業，在不斷擴充發展下，如今已成為國內領先群倫的汽、機車內裝組件的企業集團，營業額達新台幣 80 億元(2003 年)。由於它不僅為當地創造二、三千個就業機會，還默默地贊助慈善、醫療、文化、親子、婦女、環保等議題與活動，這種種回饋當地社會不遺餘力的舉措，自然讓彰化人感佩於心。近年來，更將事業觸角延伸到對岸，由於積極用心地在中國佈署建構，已儼然成為最大的台商汽車零組件主力廠。

而全興工業之所以能在汽、機車零組件這塊專業領域，打下這麼亮麗的江山，仔細探究，其原因有很多，但其中之一，

就是它穩固地建構了上下層合作無間的中衛一體網絡。這點，從全興關係企業執行長吳崇儀在 2003 年舉行 50 週年慶致詞時，明確提及「中衛一體」對全興的發展是個關鍵要件，就可看出其重要性。

說到全興工業的崛起，它是由已故創辦人吳聰其先生所設立。自幼聰巧的他，因出身貧窮，為幫助家計，十來歲就開始幫忙做農事之外，還陸續做起沿街叫賣掃帚、甘蔗、花生等買賣，日久習得一身做生意的「竅門」。22 歲結婚成家後而思立業，乃於第二年的 1953 年，與友人合夥成立協隆五金皮件廠，產銷腳踏車線鐘，之後在因緣際會下，又於 1957 年自行創立全興五金皮件廠，純粹以家庭代工方式做機車座墊。當時因三陽機車與日本本田簽定技術合作生產機車，三陽的張國安找上做事認真、為人敦厚、夙有信譽的吳聰其供應機車零組件，由於生意愈做愈順，乃在數年後的 1968 年，基於業務的需要，決定以 20 萬元的資本額，將公司正式登記為全興工業股份有限公司，從此展開企業發展的春天。

早年為何會取名「全興」？那是因為吳聰其常想，「全」字拆開來是「人王」，有帶頭、走在別人前面之意，而「興」字則取其「興旺」之意涵，果然，不出他所期待，全興集團在這半世紀一路走來千辛萬苦與千錘百鍊的經歷，已得到印驗。

據研究發現，台灣的中小企業最多能存活 13 年左右，一些

體質差的可能三、五年就陣亡了，可是，全興工業不僅能基業長青，且事業版圖透過垂直、水平整合而不斷擴張，發展成在海內外擁有全興精機、全興保健、全興方向盤、新三興、至興精機、泰國 SSW、南非 ASW、美國 GRAND SEATING KING INC、武漢萬興、全興廈門、全興福州、廣州駿興、鄭州泰新等20 幾家關係企業的集團。事實上，善於洞燭機先的全興集團，其投資範疇已從汽機車零組件跨足到傢俱製品、機械電腦元件、醫療保健、食品等不同的領域。

全興工業這個主幹之所以能發展成枝葉繁茂的企業集團，就是從創辦人吳聰其到接棒的執行長吳崇儀，長年來都秉持著「培育人才、協力團結、滿足顧客、回饋社會」這十六字箴言的經營理念，並因應環境的瞬息萬變，不斷地進行經營管理與生產技術的變革，才能在樸實務實的作風下穩健地茁壯成長。

吳崇儀是創辦人刻意培養接班的第二代，他從基層做起，並經各部門的歷練以及其父的調教後，於 18 年前(1986 年)接掌全興工業總經理一職，他深刻體認到全興工業這半世紀一路走來，憑靠的是「中衛一體、堅韌務實、前瞻未來」，而今後要迎戰未來的變局，他指出，除繼續展現原先的優異特質之外，還要加上「專注研發行銷、用心創新改善」以及「善用合縱連橫」等策略方案。由此可看出，「中衛一體」對全興工業的發展來說，是多麼的重要。

　　關於這點，中衛中心對全興工業在構建中衛體系方面的表現有極高的評價，由於全興是國內車輛產業二階中衛體系的示範廠商，其上有中心廠、下有衛星廠，由於扮演好承上啓下的角色，使得上、下層中衛體系間搭配得很完善，而大幅提升了整個體系在品質、成本、交期的競爭效益，其業績才得以蒸蒸日上。

　　由於全興工業所產製的機車座墊、避震系統、碟煞系統、車身骨架、引擎關鍵零件，以及汽車座椅、車門板、方向盤、頂蓬總成等全內裝系統等組件，主要以供應給國內的汽車、機車大廠，如裕隆、中華汽車、福特六和、國瑞、三陽、光陽、台灣山葉等公司。所以，全興工業從 1984 年起就陸續正式成為這些汽、機車中心廠的協力衛星廠之一員。

　　全興工業合理化本部協理王夢鴻說，為達到這些中心廠在品質、價格、交期等嚴格的要求，全興工業會熱心派員參與各種新的經營手法，如全體系的品質保證系統、全體系成本合理化活動、新生產技術與生產管理等研習活動，當被派去學習的種子教師吸收上述新知回來後，會將之推廣到相關部門，可是，如果大多數員工都不具備這樣的新知時，通常會先給員工施以內、外訓的教育訓練，所謂包班內訓是邀請借助外部的專家，如中衛中心、生產力中心等專業顧問師來廠做輔導、訓練，而外訓則是讓員工到外面去學習、進修。

舉例來說，全興工業長久以來在導入改善提案、5S(整理、整頓、清掃、清潔、教養)、品管圈、專案改善、方針管理、全面品質管理、價值工程、精實生產、TPS、全面生產保養、六標準差、人力資源管理等有關提升品質、降低成本、確保交期的管理新手法時，不僅常透過內、外訓進行員工的在職訓練，也充分活用內外部發表會來廣為宣導，以期能夠做得更紮實與生根。

　　由於公司的高階經營者在培訓員工方面很捨得投資，而員工也很樂於學習，所以，身為協力衛星廠的全興工業對汽、機車中心廠的配合度，可稱得上盡心盡力。也因此，全興工業的經營者或領導幹部常被推選為協力廠商聯誼會的會長、副會長與區會長等重要職務，協助相關會務之推動。

　　全興工業認真踏實地推動上述各種新經營手法，成果斐然，且深獲外界的肯定，譬如，生產量與營業額大都每年都有二位數的成長外，近十年來已通過無數的國際驗證如 ISO 9001、ISO 9002、ISO 14001、QS 9000 等，以及榮獲福特 Q1 獎、國家品質獎等。不過，企業的改善、改革是永無止境的，在台灣加入世界貿易組織(WTO)後，企業面臨來自全球的競爭壓力，基於此，全興工業仍毫不懈怠地加強的有產銷流程的合理化與電子化、產品研發能力、國際競爭力等。

　　在面對中心廠不斷要求創新下，全興集團於 1992 年設立了

研發中心，來強化本身的設計、研發能力，但同時也深信不管是設計研發、生產技術、品質確保、降低成本、準時供貨等非仰賴供應原材料的協力廠商大力支援與配合不可。有鑑於此，在當年亦成立了以全興工業爲中心廠的二階中衛體系——「協興會」。

在全興工業服務近 30 年、近年來負責「協興會」運作的資材部經理田桂芬指出，供應原材料給全興工業的往來的廠商有一、二百家，目前參與「協興會」的有福基、瑞全、台技、松富等 70 幾家鈑金、彈簧、車床、橡塑膠、模具、石化、紡織廠商，其目的在建立長期共存共榮的中衛合作關係。通常全興工業會把從汽、機車中心廠習得的最新經營手法、資訊與人才培訓等，將它轉換後傳承給「協興會」的成員，使上、中、下游得以經營同步、管理同步、生產同步，藉以增強整個體系的對外競爭力。

此外，全興工業爲了凝聚會員的向心力，通常會透過整年度的感性、知性活動，如協力衛星廠商新春高階幹部聯誼會、幹部定期會議、年度聯誼大會、聯合輔導教育訓練、全面生產保養輔導、績效評鑑競選、國內工廠參觀交流、海外研習、中衛體系運動會等，一則拉近彼此的情感與關係，再則從互相交流中學習新知。

問到跟「協興會」打交道最感窩心的事是什麼？田桂芬

說，記得有次想輔導某衛星廠引進 ISO 來改善體質，老闆答應做看看，卻遭老闆娘阻撓，花了一番功夫終於說服老闆娘。之後，這家廠商真的通過了 ISO 驗證，外銷訂單也接踵而來，老闆娘高興得親自打電話來道謝，像這樣的事讓她倍感溫馨。

隨著中國本土組車廠之興起，以及台灣汽機車組車廠去中國投資發展，眼光敏銳的全興工業早已嗅到中國廣大的商機，打從 1994 年起就率先去中國佈局搶灘，十年下來已陸續在鄭州、上海、無錫、福州、廈門、廣州、武漢等地成立了多家公司，以提供顧客符合品質、成本、交期等要求之產品與服務。

苦幹實幹的吳崇儀說：「在中國汽機車市場邁入高成長期時，全興要以 50 年的經驗，在中國再創另一條成長曲線」，基於此，他每個月都要飛去大陸視察，並將高階主管齊聚一堂開會研討相關方案。至於是否打算將在台灣運轉得很好的中衛體系模式，移植到對岸去推廣，王夢鴻說，現在因還處於嘗試摸索奠定基礎的階段，未來會逐步來建構，當然這要考量臺灣經驗與中國大陸實務的平衡。

據了解，30 年前，賣一個機車座墊可以支付三位員工一個月的薪水，可是，現在需要賣一卡車座墊才付得起一個員工的薪俸，其間之創新與改善過程，實在不可同日而語。儘管如此，全興集團還是奮力向前挺進，如今已訂下 2008 年的中長期目標為──「挑戰日本的 PM 賞、營業額躍升達 200 億元、養成

50 位總經理、培育 1,000 位專業人才、成為全球最大機車座墊廠商，以及亞太前三大汽車內裝零組件供應廠商」，這樣的目標全興同仁認為前瞻務實、值得追求。全興人深刻瞭解「誕生於彰化、成長於臺灣、茁壯於亞太、展望於世界」的發展軌跡，同時在為「深耕臺灣、佈局全球」打拼之際，也謹守「飲水思源、廣結善緣」的優良傳統，樂觀、審慎地朝著既定的方向邁步前進。

福特六和體系精實生產系統探析

　　台灣已正式加入世界貿易組織(WTO)後，以往許多限制性與保護性措施都已陸續取消或調整，國內產業直接面對強大國際競爭威脅；此一現象在製造業首當其衝的即是汽車工業。而汽車工業因其產業關聯性大，向來為各國政府列為策略性工業，極度重視與支持。面對此一強大衝擊，國內車輛零組件廠商唯有透過生產力提升與建立產品自主研發能力方可提高產業之總體競爭力，福特汽車除例行對衛星廠商之指導考核外，並專案執行由北美引進精實生產系統及六標準差作為輔導協力衛星廠商之重點，協助改善體質，以提高競爭力，共同迎接新的挑戰。

　　福特中衛體系於 1986 年登錄，在中衛制度運作上已十分成熟，協力衛星廠商相關事務由採購處廠商技術輔導部負責，包括考核在內，現在（2004 年）加入協力會之廠商共有 87 家，依照廠商供應零件之類別，區分為裝璜類，車身鈑金、塗料及玻璃類，電裝品類，引擎及傳動系統類，懸吊及煞車系統類等五類，並依各會員公司所在位置，區分成四個區域：第一區為台北、宜蘭地區，第二區為北桃園地區，第三區為南桃園、台

中、彰化地區，第四區為台南、高屏地區。相關活動包括協力會年會，高階懇談會，各項專題研習會及活動，以推動品質、成本、生產、物流及安全衛生等改善。

協力廠商活動的年度目標是專注在整體價值供應鏈的系統性思考，以供應鏈間全面成本及總體競爭力為改善對象，透過精實推展活動(Lean Deployment)徹底排除價值流中之浪費，挑戰高複雜產品生產需求的競爭優勢目標。其目標值包括：1.DTD(Dock-To-Duck Time)降低 20%；2.OEE(Overall Equipment Effectiveness)大於 85%；3.FTT(First Time Through)要求 100%，且交貨品質在 45PPM 以下。

「推動策略」包括方針展開和成本降低兩方面，其中，在「推展方針」方面包括：
- 推動全面成本管理及生產力。
- 提升國內自製率零件品質。
- 將精實推展併入 2002 年之 Q1 內。
- 與認證單位一同提升協力廠在 QS9000/ISO14001 之落實。
- 重點推行協力廠之品質方針管理。
- 遠程目標為輔導部份協力廠商使其具有全球競爭力，並促進其有機會成為福特的全球供應商。

在「全面成本管理」的專案執行上是六標準差及精實生產當作推動主軸，也持續追求協力廠管理高層對精實生產之認知

與承諾；除此之外，爲使台灣的協力廠也能加入福特汽車的全球採購系統，特將福特在全球推動的六標準差觀念及手法引進台灣；也透過顧問向協力廠講授『APQP & FMEA』，以及介紹福特汽車最新亞洲版的 APQP，就是希望能促使協力衛星廠與亞洲各國同步與世界接軌；同時也將精實生產衡量指標結合 Q1 的標準執行，以提升協力衛星廠的產品品質及生產力。

在「推動作法」上，有每月品質論壇與觀摩、教育訓練和臨廠指導等。其中，每月的品質論壇與觀摩由 STA 部門人員擬定計畫每月執行，主要內容有：

- 以當時實事需求擬定研討主題邀請協力衛星廠(一二階)適當人員參加會議。
- 並聘請公司內部人員進行專題演講訓練教育。
- 安排參與人員進行 FLH 觀摩，以使供應商能夠徹底了解各自產品組裝品質與功能，使能符合 2002 Q1 Site Assessment 1.3.4-1 要項要求。排定協力衛星廠相互觀摩研討會。
- 擬定精實生產相關智能教育訓練與實務輔導計畫與執行。

配合福特六和汽車公司精實推展專案，對參加專案協力衛星廠執行完整的精實生產教育訓練課程與實務輔導，提升協力廠品質與生產力，以達成福特六和汽車精實推展專案之標的。本項規劃含對參加專案之協力廠進行課程教育，並定期到協力廠執行現場實務性輔導。

　　本項計畫為運用全面成本管理手法，整合北美福特，福特六和及中衛中心等國內專業輔導資源，對協力廠商提供服務，福特六和採購處協力廠商技術輔導部人員臨場指導有關"Lean Manufacturing"觀念、原則、作法的導入，對象偏重在經理級以上，至於在實際執行層面上，有賴基層幹部的貫徹，所以課長級以下幹部，即實際執行人員方面觀念及手法之教導運用上，則由中衛及本中心顧問擔任，以使精實製造活動的推動執行更為落實，能獲得更好的成效。

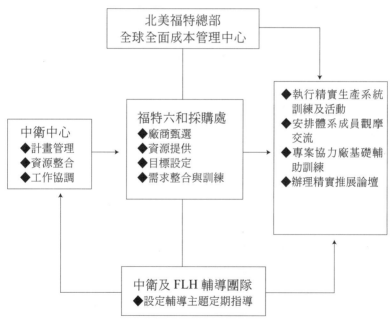

圖 3-4-1　福特六和體系精實生產系統推動架構圖

台灣自行車業求取兩岸競合利基

　　由於公路賽車、BMX、登山車的發明，變速器等零件研發的突破，鉬鉻合、鋁合金與碳纖維等輕量材料的開發，以及在製造及避震等先進技術的導入等等，使得全球自行車產業在過去三十年間得以蓬勃發展。然而，進入廿一世紀後，熱潮減退，全球自行車缺乏新產品的開發，市場不但趨近成熟且供過於求，並且開始式微、喪失活力。專賣市場的市佔率轉向量販市場，產業逐漸趨向低價格、低品質和沒利潤，產業向下沉淪，造成消費者對自行車不再感興趣，轉而消費其他產品，留給業者一個受到重擊、沒有明天的市場。這反映出台灣自行車產業結構已進入產業發展生命週期之成熟末期，國際市場的需求成長也已出現疲態，固有的型態已無法再有所突破，廠商利潤空間漸遭壓縮。

　　而近幾年來中國的低成本競爭優勢，不論成車業或零件業都爭先恐後地前去投資設廠，其規模甚至已超越台灣本廠數倍，再加上位居世界領導地位的日本島野(Shimano)公司亦在中國大量投資造成產業群聚效應。因此，造成許多業者不禁要問該不該繼續在台灣發展，或是集中資源直接到大陸再創企業第

二高峰等問題，讓業界對本土凝聚力逐漸鬆散。尤其 Schwinn/
GT 被 Pacific 併購之後，推進到量販店市場（Mass Market），加
上 Derby 破產之後重整，其貨源都適合在中國採購，更加強了中
國廠商的市場優勢。

　　相對的，適合在台灣採購的自行車專賣店（Dealer Market）
之品牌客戶愈來愈少，生存發展顯然受到排擠。當大家都到中
國拼價格，生產大眾化且無特色的產品，專賣店的貨源必然會
受到限制，很難保有產品差異化的特色，市場亦將逐步被量販
店所取代，如此惡性循環的發展，台灣自行車工業在全球的地
位就不再重要，而變成空洞化了。

　　台灣如果真的失去優勢，其他國家也無法取代，全球自行
車專賣店的市場將會因此而難以經營。由此可知，台灣自行車
工業與全球專賣店是生命共同體的事實，負有供應專賣店差異
化產品和創造專賣店特色的使命。

A-Team 構想成形

　　因此台灣不能再打價格戰，而要以產品差異優勢與中國產
品作區隔。不僅是產品上的差異化，更要從經營型態、設計方
法、生產方式與產銷結構作全盤改變，徹底執行差異化策略。
其實，台灣原本就具有新產品創新開發和彈性製造的實力，應

可再提升此一優勢，讓專賣店的產品能更具特色、讓消費者有更多的選擇與更快速的服務。而另一方面，台灣不能再從製造業觀點出發，而應介入更多的國際商業活動（如參與國際性競賽活動），努力經營品牌形象，開發精緻獨特的產品，提升產品層次，強調行銷服務能力，並能集結全球具有優勢的人力與資源，朝向全球自行車運籌中心的模式發展。

台灣自行車產業原本就具有一些基礎條件及國際地位，但廠商一窩蜂外移，及以低成本為競爭策略的同時，此一構想將是一項難度很高且逆勢而為的挑戰。不但要結合從零件、成車至經銷等一群志同道合的業者共同努力，更要整合政府相關部會的資源從總體環境面的塑造，才能畢竟全功。因此在巨大機械和美利達工業等兩大自行車廠號召下，結合 11 家零組件廠共同發起組成「A-Team」，以集體力量整合政府資源，推動從產品設計創新、即時化生產體系，到整體品牌形象塑造等，一系列的產業升級計畫，促使台灣的工廠升級為高附加價值製造中心、並朝向將台灣的公司轉型為全球運籌中心的目標來努力，以騎出自行車產業的一片新天地。

三個推動方向：

A-Team 的構想大概有三個推動方向：

一、共同設計研發機制建立：

在以往大都由各零件業者先開發好新產品或新樣式，再提供給成車廠選擇搭配新車型，此兩階段開發模式其中勢必有妥協或折衷的無奈，不然就必須做設計變更、修改模具，徒浪費時間與成本，整體搭配亦難完美也難有非常獨特的產品。但今後，成車廠在開發新車型的同時，亦將邀請零件廠一起參與，共同激發創意、一體設計、同步開發，不僅縮短開發時程亦能創造特有的產品。

二、即時化生產型態建構：

目前國內業者已習慣大批量生產型態，即使面臨少量多樣市場要求，業者仍以批量集中的觀念在生產，因此大批量標準品的訂單仍是目前業者所極力爭取。但是此類訂單大家都會做也都想做，因此互相砍價進行低價競爭，於是為了價格競爭，具成本優勢的中國地區就成了移植最佳的選擇。原本的自行車產業生產型態，包含整體供應鏈結構勢必做徹底改變，中低價

位由中國生產供應；獨特稀有的產品、別人不敢接的小批量訂單就由台灣生產供應。

此種型態巨大台灣廠已逐步實現，目前巨大台灣廠每月生產之車種超過一千種，但生產批量最多只有 50 台，且其所接訂單有 60 ％以上皆少於 50 台，此種實力是世界各地所難以望其項背的。成功的關鍵要素是工業局曾繁漢先生的策略規劃、中衛中心的配合執行，並動員國瑞汽車對其協力衛星廠輔導團隊及前原田總經理親自指導，協助巨大台灣廠推動「豐田生產系統（TPS）」，真正做到即時化、少量多樣多頻度的生產架構，著重體質改善與整體流程運作模式的改變，以形成台灣特有的競爭優勢。

三、共同品牌形象塑造：

未來要走向高附加價值、高單價之產品，品牌之建立與形象之塑造便不可或缺。雖然國內業者也有自創品牌，但零件業者大都屬於中小企業，要獨自提升品牌國際形象與地位實在力不從心。唯有集結大家的力量，從大環境面整體提升台灣自行車產業的國際形象與地位，而各企業品牌只要搭配 TAIWAN 字樣即可提升品牌層級，成為高級品的代名詞。

此類做法可藉由舉辦國際自行車環台賽、登山賽等競賽活動或世界自行車博覽會、國際性車展等商業活動來推動，亦可

運用台灣風光明媚的地理環境及觀光資源，塑造台灣為自行車愛好者騎乘天堂及品味流行的領導中心。屆時，希望台灣不僅是高級車的研發製造中心，亦是世界上自行車愛好者的朝聖地。

A-Team 成軍

A-Team 藉著 2003 年台北國際自行車展舉行之際，對外宣佈正式成立。A-Team 為一非營利組織，以提升自行車製造及營運績效，並以最快速度供應全球高品質、高創意的新產品，開創一個嶄新的、高附加價值的市場，為自行車產業開創向上提升的新局為目標；期望藉由各會員的努力，引領台灣成為全球自行車開發、創新、行銷中心。

創始會員包括亞獵士、達建工業、鑫元鴻、巨大機械、桂盟企業、美利達工業、台灣榮輪、速聯公司、彥豪、天心企業、維樂公司、鉉光公司及維格工業。並推舉巨大機械公司總經理羅祥安擔任首任會長，副會長則由美利達工業總經理曾崧柱擔任。2004 年又增加了建大工業、正新橡膠、佳承科技、鑫悅實業、信隆車料、安大科技、久裕興業等七家新會員，國際贊助成員除了原有的 Trek、Specialized、NBDA 等三國團體外，2004 年增加了 Scott。

首屆三年任期會長羅祥安亦是 A-Team 的教練。他對自行車產業向下沉淪的環境堅定的說：「我們必須採取行動以阻止事態惡化，A-Team 是我們的解決方案之一」。他認為台灣有能力，並有義務承擔起全球自行車產業向上提升的重責大任，發展並建立光明的「自行車未來」是自行車業者的願望。

跨出第一大步

A-Team 成立的第一步即是全面導入豐田生產方式(TPS)，並於 2002 年 12 月 11 日假經濟部工業局與國瑞汽車簽署「建構豐田生產系統合作意願書」，並由局長陳昭義先生擔任合約見證人。在簽約典禮中，國瑞汽車前原田總經理指出，豐田生產系統是適用於任何產業，因此國瑞汽車於兩年半前在工業局與中衛中心的邀請下首次與自行車產業合作，對於台灣自行車廠商的積極投入印象深刻，尤其以巨大機械劉董事長金標親自至各協力廠推動之精神最令人敬佩。面對加入 WTO 及中國的強烈競爭，此時正是推動豐田生產系統的時機，期望今後 A-Team 組織持續不斷的改善推動，以因應少量多樣之市場需求。

同時，巨大機械劉董事長也表示，巨大機械經過兩年多的輔導改善，庫存降低 40%並提升空間的使用效率，生產批量由 200 台降低為 50 台，大幅提升物料週轉率。訂單到出貨時間由

45 天縮短為 14 天、投入到產出由 10 天降為 5.5 天,製令達成率由 43%提高為 83%,由以上數字可知,推動豐田生產系統帶給巨大機械的成果非凡,不僅建立了快速反應能力及提高經營效率,更帶動現場幹部策略規劃及學習能力,進而形成學習性組織文化。

而今在工業局的政策指導及中衛中心專案計畫運作下,已進一步擴展至所有 A-Team 成員,目的乃期望在既有的合作基礎下,繼續借重國瑞汽車體系的專業知識、經驗、現場示範等資源,指導 A-Team 成員廠商成功導入豐田生產系統,以期從上游零組件廠到下游整車組裝廠,在多樣少量精緻化的高附加價值產品型態下,形成對客戶需求能快速反應的供應鏈系統,建構台灣特有的競爭優勢,提升我國自行車產業在世界市場的特殊地位,累積台灣永續經營的實力。

痛苦的震撼教育

A-Team 組織常用聚會來洗腦,共同設定目標與計畫,每三個月便驗收一次,各成員公司內均自有一小組,屆時便各率同仁到其他小組公司觀摩,被驗收者也趁此機會發表成果。合作成員將從研發、製造、管理先加強,循序漸進,未來會共同開發產品。A-Team 並非品牌,更不是商業團體,而是大家共同了

解市場，創造更有價值產品的組織。

　　輔導團隊是巨大二人、中衛中心二人，加上由國瑞汽車及其三家協力廠派六位資深輔導人員領軍，每月巡迴指導一次，每半年做一次總體檢，並配合教育訓練、廠商觀摩及日本豐田體系見學等活動，每家參與的業者都需做開胸懷讓同業參觀，這是以往不曾有的。像巨大便先開放給美利達參訪，鋐光開放給同樣是做腳踏板的維格參訪。雖然，以前他們彼此就是很熟的朋友，常見面，但從沒看見過競爭對手的製造工廠。

　　參觀完後每個負責人都衝擊甚大，相當痛苦，每位參與者都想成為主流，但看到別人進展那麼大，自己不更加努力不行，自願配合改進，發揮團隊學習力量造成良性循環效果，未來輔導圈將擴大。

　　過去，台灣廠商擅長單打獨鬥，在個別領域各自努力，但面對沒有耐心的顧客，以往各自為政的作法將無法因應新的競爭，故而只有先從合作理念的認同開始。於是透過國瑞的協助、巨大公司二十七年的經驗及同業間互相觀摩學習（這在以往是很少見的），而從作業型態、物流、資訊流……等進行密集的改善，每半年做發表與檢討改進，期能將豐田公司數十年累積的精華於短期內加以吸收運用，連國瑞前原田總經理都甚感驚訝與佩服。

　　經過一年多的發展，A-Team 邁入關鍵的三年發展計畫的第

二階段：確立、推進研究開發體制。七家零件新會員也加盟 A-Team，顯示此為進一步強化綜合實力重要的一環。由於引進 TPS（豐田生產體系）各個會員企業的生產現場得到顯著改善，且因企業採用即時生產系統（JIT）措施，101 方式（接到訂單十天後，以天為單位分批供貨）也漸走上正軌。這兩年，歐美客戶耳聞目睹台灣自行車往上提升的種種變化，更加深了台灣「致力於高附加價值路線」之印象。海外採購商腦海中也已形成了「高級產品在台灣、低價產品在中國」的明顯印象，A-Team 已帶給全球自行車業界相當強烈的震撼力。

歡喜收割

　　從整體A-Team營運數字的表現更是令人興奮，2003 年 1～9 月兩家組車廠出口金額成長 18%(業界平均 11%)、平均單價成長 21%達 245 美元，而 11 家零件廠出口金額更是成長 21%(業界平均 12%)達 9,173 萬美元、已佔台灣自行車零件出口金額 44%。

　　另以巨大公司為例，現今平均月產量五萬台但每月生產種類卻高達上千種，平均每個車種不到五十台，且已有 30%訂單可在 14 天內交貨。而美利達不僅大幅縮短製程時間，各站庫存亦大幅降低，其 2003 年營收年增率僅 23%，但每股盈餘卻大幅成長近 78%。

而各廠各工程站為因應少量多樣高品質的要求，從摒棄傳統輸送帶改建立全新「細胞單元生產方式（Cell Unit）」，到各工程間進行整流化、同期化的作業，進而擴大自業務接單、採購、生管、一直到現場生產之資訊流的機制重整，徹底改造了整個工廠的營運模式，進而大幅提升整個公司的營運績效。目前A-Team已設定總體目標，成車廠從客戶下單至出貨14天（以前交貨期都一個月以上），零件廠10天且每天交貨（以前是21天交貨期，每禮拜交貨一次），而各廠生產力提升 20%、庫存量低減 40%、空間節省 30%以上。

其實除了以上所述可量化的成果以外，推動 TPS 更帶給 A-Team 成員意想不到的效果，例如：

一、「庫存降低，交期準確率反而提高」

有些公司提前生產，部份是訂貨生產，部份是備貨生產，將成品堆放倉庫有 5 至 7 天，有些甚至有 60 天的庫存，但仍然發生客戶要的沒有，不要的一堆的情形，交期準確率不高，但經過改善後可待客戶交期快到時才生產，成品庫存大幅降低至 1-2 天，而交貨準確率卻提升至 95%以上，也就是說生產線更有彈性，客戶要什麼就生產什麼。

二、「不用投資，產量卻大幅增加」

有一家公司以前每天生產 3,600 個，要加班 3 個小時，經改善後不用加班就可達到，產量更一路提升到 4,500 個；還有一家公司，以前高峰時月需求量達 42 萬個以上，要加班到晚上 11、12 點還做不出來；2003 年十月在未增加人員設備情況下突破歷史新高達 53 萬個以上，但只要加班到晚上 8 點半就可以了。廠商在不增加人員及設備情況下剛好趕上景氣復甦階段而使獲利大增。

三、「空間節省，工廠變大了」

以前相同的數條生產線或前後工程，分散在廠房各角落或在不同廠房，經改善後很多工程都可集中在同一區域內，甚至有些工廠如生管、採購等管理部門，也從辦公大樓移至廠房內，更方便部門間的協調及管理。很多公司在不增建廠房情況下增添設備擴大產能、增設新的生產線投入新產品的生產、或投資設備自行製造模具掌握關鍵技術等，以較低成本即可增加競爭力。

四、「工廠變成是可以參觀的，自信提高了」

以前國外客戶來洽談業務，業者對於自己廠房的環境總是

缺少信心，不是約在外面洽談，就是在樣品室，避免帶客戶到生產現場參觀，現在很多公司老闆都主動帶客戶去現場參觀，同時介紹 TPS 運作情形，對公司充滿自信。最直接的好處是訂單增加很多，還有數家突破歷史新高，據廠商表示，訂單激增，不僅僅是景氣回升，主要是客戶對 A-Team 廠商產品信心大增有關。

TPS 對很多廠商而言，感覺整個工廠變聰明了、所有員工變得更用心在做事，而非只用力在做事，這也激發所有 A-Team 成員有要讓台灣再度在全世界自行車業界獨領風騷的雄心。

A-Team 大軍聲名遠播

如今 A-Team 由於 TPS 的推動與實施，讓各成員有更明確的方向與目標共同努力，也讓各家經營者體認到在台灣還有許多事情可以去追求、還有許多的空間可以去努力，整個經營重心又再度轉回台灣。尤其 A-Team 的名聲在國際上已引起重視，國際客戶對目前 A-Team 正由豐田汽車親自指導 TPS 頗為好奇與驚訝，同時也對 A-Team 成員產品的品質與品級更具信心，已有訂單集中至 A-Team 的現象。國際上聲譽卓著的全球自行車品牌 Trek、Specialized、Scott 及美國自行車經銷商組織 NBDA（National Bicycle Dealer Association）都已加入 A-Team，成為贊助會

員，並將提供有價值的協助與建議。

另外，全球自行車設計比賽（IBDC；International Bicycle Design Competition）的承辦單位——「健康科技中心」，更正式邀請 A-Team 加入 IBDC 活動，共同討論如何發揮 IBDC 對台灣業界實質的協助與效益。IBDC 設計獎是全球唯一已在芬蘭設計協會登錄，被認可的自行車專業設計比賽，因為參與的條件具公平性，裁判與參賽者具廣泛性，且參賽者眾，辦理至今邁入第八屆，每年吸引五十多個國家數百件優秀作品角逐。德國賓士汽車公司與日本變速器廠商島野公司雖也均有舉辦類似的設計比賽，但因不具國際性而無法與 IBDC 抗衡。

IBDC 邀請業界自贊助、支持的立場，轉而加入評審陣容，以最直接的方式接觸世界各國設計新理念，同時刺激更多實用性之巧思創意進入比賽活動。由十三家台灣頂尖自行車零組件製造廠商組成之 A-Team，除具備台灣輪界代表性之地位，更積極推動創新與高品質的產品目標，因此，IBDC 決定邀請 A-Team 羅會長與曾副會長代表台灣自行車業界，出席擔任於 2004 年 1 月 20 日辦理的第八屆全球自行車設計比賽決賽評審委員。

展望未來雖然資源有限，但 A-Team 將逐步擴充成員，讓更多的廠商參與此次自行車產業的大變革，並向全球高級車市場版圖大舉挺進。

高級自行車製造王國

　　業界過去奮力拚鬥十餘年，才逐步拿下全球高級車市場約三成的市佔率，但由巨大、美利達兩大廠結合國內十八家零組件廠商合組的 A-Team 團隊，將全面展開整車與零組件廠協同開發新產品，尋求購併國外零件廠及結合全球專業零售通路（SBR）等策略，在年底前提高高級車零組件自製率達 60 ％，預期後年台灣高級車的出口比重將成長至二百萬輛，攻下全球五成以上的高級車市場，躋身全球最大高級自行車製造王國。

　　擔任 A-Team 會長的巨大機械總經理羅祥安指出，零售價介於五百美元至三千美元的高級自行車，目前全球每年銷售量約有三百萬輛，台灣業界歷經一、二十年來的努力，也僅拿下三成的佔有率，其餘七成仍為 Trek、Specialized 等歐美大廠及若干地區性小廠的天下。

　　由於這些高級車注重品質，大都以非量產型態在生產，甚至以手工打造，產製普遍不具效率交貨時間又長，但也為台灣自行車產業帶來絕佳機會。A-Team 現在運用台灣自行車零組件廠商與組車廠的創意設計、全球行銷能力及供應鏈及時化生產優勢，把這些高級車的售價合理化，將其訂單接收到台灣生產。估計最快 2006 年，就可拿到全球五成高級自行車的市場；

2010 年後全球市佔率甚至可擴大到七成，成爲全球高級自行車的最大製造國。

　　A-Team 副會長、美利達總經理曾崧柱指出，會員廠今年將合力建置新產品的協同開發設計平台，未來可共用的自行車零組件將不再各自開發，避免研發能量的浪費與不當配置，並將推動國外知名品牌零組件廠商將生產訂單轉移給國內廠商代工，甚或鼓勵國內零組件大廠購併國外零組件廠，全力拉抬台灣自行車產業本土的自製率能在今年達到六成。

汽車售後服務零件廠商合作聯盟推動

　　台灣汽車零件產業發展可分為兩大部份，一是以整車廠及供應鏈所形成之原廠零件（OEM）中衛供應體系，另一部份則是以汽車售後服務（AM；After Market）為主要市場之零件體系。近年來由於受台灣加入世界貿易組織（WTO）之後國內市場開放之影響，以車輛內銷為主的 OEM 生產體系面臨經營環境的重大變革與挑戰，相較之下 AM 零件卻已在國際市場中佔有一席之地。

　　目前，台灣已成為全球 AM 碰撞零件最大出口地區，而美國則是最大的需求國及買主。2002 年美國汽車 AM 零件市場中與碰撞維修服務相關之需求達 3,300 億元以上，而台灣出口至美國之金額亦達 359 億元，兩者均呈現持續成長的趨勢。由於美國汽車的投保率高達 90%，因此約 87%的碰撞維修費用是由保險公司給付。近年來，維修費用不斷的攀升，加上保險市場競爭激烈，一般而言非OEM零件價格較OEM產品便宜 20%～50%，保險公司為了降低成本採用擁有價格優勢的 AM 產品，因而帶動了非 OEM 產品的成長。值得注意的是，目前美國汽車 AM 零

件市場 82%仍被 OEM 所獨佔，非 OEM 零件僅擁有 12%的市場，其餘 6%則爲回收件，足見非 OEM 零件市場的成長空間仍然很大。

　　台灣汽車工業已進入「後 WTO」的戰國時代，而產業受國內市場飽和之影響，內銷市場的成長呈現停滯的狀況。然而，北美地區因受 911 事件後車輛使用率提升，AM 市場需求日趨擴大。台灣汽車零件業擁有少量多樣、彈性化製造及快速對應的經營模式，在全球化的趨勢下，積極發展區域化與全球化國際市場商機已是必然的趨勢。然而，以往業者在拓展海外市場時大都採取各自攻城掠地的發展模式，受限於企業規模及有限之資源，往往面臨相當大的困難與挑戰。甚至同業間爲了搶食商機，往往演變成削價流血接單，不僅造成市場行情紊亂，連帶也使得國外買家對台灣 AM 零件品質產生疑慮而停止採購。

　　由中衛中心所執行工業局之「車輛產業總體競爭力提升計畫」於 2003 年 9 月份透過國際研討會及實地參訪廠商等方式，邀請美國汽車碰撞維修廠相關組織如美國汽車維修協會（ASA；Automotive Service Association）、美國撞車維修專家協會（SCRS；Society of Collision Repair Specialists）、美國汽車維修服務供應商聯盟(AASP；Alliance of Automotive Service Providers)等單位及相關產業記者共七人到台灣與我國汽車售後服務維修零件產業代表進行交流。

在 2003 年 9 月 3 日的研討會活動中，美方代表首先回顧了自 1970 年代至目前，有關增加非 OEM 維修零件在美國市場的發展狀況。雖然目前台灣所產製的零件，在美國非原廠碰撞零件市場之佔有率已高達九成左右，但是要能有效拓展尚需注意下列因素之影響，例如：產品品質變異將增加修理廠的人力及工時，降低採用的意願；通路商及產品驗證系統並未與最終使用者（維修廠）作充分溝通以了解它們的需求；由於 State Farm 汽車保險訴訟案例，對於採用非原廠零件形成的負面影響。

美方代表也指出目前美國碰撞維修市場之年營業額約 260 億美元，其中零件採購金額約 96 億美元，並且有 10% 的採購金額來自非原廠零件。就目前的狀況而言，維修廠面對最大的困擾是當採用非 OEM 零件時，無法有效做到「品質確認」及「品牌辨識」的步驟，而造成劣幣驅逐良幣的狀況，這或許也是非 OEM 零件在美國碰撞維修零件市場佔有率一直無法提升的因素之一。

由於汽車碰撞維修零件產業涉及到保險公司、通路商、驗證組織及維修廠等不同單位，代表團特別強調在美國的碰撞維修產業模式中，維修廠才是採用原廠或非原廠零件的真正決定者及最終使用者，因此有必要建立雙方溝通交流的管道以促進未來的實質合作。

該訪問團於 9 月 4 日至 10 日期間，分別訪問了九家售服零

件廠及車輛研究測試中心等，共計十個單位，實地參觀有關產品開發、模具製造、產品製造及品質檢測的工程環節，並與廠商主管及工程人員就相關議題進行討論。訪問團中有兩位資深代表 Mr. Chuck Sulkala 和 Mr. Lou DiLisio 曾於 1999 年訪問台灣，並且曾對廠商的改善方向提出建議。經過四年之後重新參觀零件廠的感覺令他們印象深刻，尤其是台灣廠商在自動化製程、生產管理及工程技術等領域有顯著的進步。不過，在有關產品之模具、檢具、公差及外觀等項目仍有進一步改善之空間，美方人員普遍認爲最終使用者（維修廠）的意見及關切事項，並未能透過有效的管道反映給製造廠商。

　　同年 9 月 30 日於美國波士頓所舉行的 SCRS 執行委員工作會議中，Mr. Dan Risly（SCRS 執行處長，本次亦受邀來台訪問）特別強調本次訪問行程所衍生的具體而正面之成果，他們對於台灣廠商願意採取開放的態度與美方人員溝通，並且承諾採取持續且實質的行動以改善產品品質感到高興，也期待透過政府相關部門及中衛中心的協助，能提升碰撞維修產業的交流與合作機制的運作效率。美方人員指出在整個碰撞維修產業中，有關通路商、保險公司、產品驗證機構、維修廠等產業實體都是在美國，所以美國方面也有意識到促進產業發展的良性互動，不能只靠台灣的零件製造商，而是需要各方面共同投入資源及努力。

此次參訪交流活動，不僅促使美國汽車維修產業組織了解台灣零件廠近 20 年來持續改善產品品質之實質成果，亦促進了雙方未來實質合作的空間。工業局基於協助國內車輛零組件產業永續發展及拓展國際市場之考量，擬透過「車輛產業總體競爭力提升計畫」資源之投入，協助業者整合出成功的合作模式與運作機制，在共同的利益基礎上推動合作活動，主要課題包括：

　　一、協助建立產業溝通機制，透過多邊工作會談之模式加強我國業者與國外碰撞維修產業相關實體之交流及建立互信。

　　二、協助業界提升品牌形象、持續推進品質改善及拓展產品通路，使台灣汽車售服零件能更樂於為美國維修廠及消費者所採用。

　　三、協助導入工程技術及產品驗證之資源，推動國際驗證標準承認及產品驗證作業透明化，協助業者降低作業成本。

　　透過上述之主題相關活動之推動，有效擴大台灣 AM 零件在美國售服市場之佔有率及外銷金額。將以 AM 零件中主要項目：鈑件、塑件及燈具等三大類廠商為主要推動對象，協助台灣 AM 產業在北美市場拓展的運籌帷幄上提升整體競爭實力。

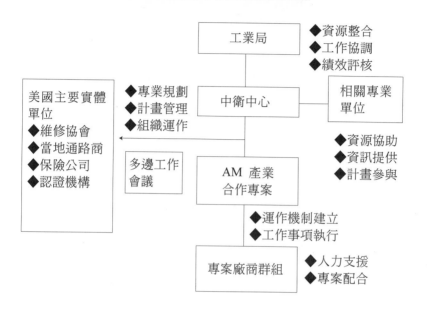

圖 3-6-1 汽車售後服務零件廠商合作聯盟推動架構

第四章

中衛體系電子化的趨勢

建構新世代電子化的中衛體系

在資訊科技快速發展的推波助瀾下，全球產業的整體大環境正急速邁向一個全新的電子化競合態勢，此一重大轉變使得國內產業不僅面臨自由開放競爭的既存壓力，同時更需要積極謀求新的合作對策，以應對新一波來勢洶洶的數位化巨浪。

中衛中心在協助產業完成第一階段的上、中、下游垂直合作體系後，進而推動發展跨產業間的水平合作體系，以縱橫交織，經緯互補的綿密網絡，佈建兼具深度與廣度兩大介面的產業合作網路機制，為企業及產業創造全新的合作價值體系以及優勢競爭力。這不但使個別企業減少成本支出，增加企業獲利能力，更重要的是此一建構而成的產業合作網絡機制，為國內整體產業注入了一股足與國際競爭相抗衡的巨大實力。

為配合未來產業環境的發展，及次世代製造業的來臨，中衛中心在完成過去各階段性的任務後，正積極推動現階段的電子化產業合作型態。其所採用的策略，將藉由中心廠較為豐實圓熟的資訊技術運用，來結合供應鏈中的中衛廠商，達到建構一個符合國內本土化需要的數位化作業流程，並作為因應「跨國經營管理」、「虛擬工廠」、「QR 革命」的未來經營環境。

　　由於全數位化環境實爲體系優質化發展的一個策略，中衛體系將以體系推動架構爲基礎，透過中心廠電子化制度的建立，改善中衛體系間的作業程序，達到合理化、標準化的運作機制，並應用資訊技術來生產、管理、交換、行銷等工作，建立體系共享的經營環境，促進研發、設計、產銷的同步化，進而提升整體產業對外的競爭能力。

　　未來轉型後的中衛體系，不但保有上下游團隊運作、同步化經營管理及體系成員間相互信任、分享知能的傳統優勢，更能進一步了解及適應網路經濟的運作環境，在國際供應鏈上扮演稱職且重要的角色。製造業者也更能藉此來充分運用資源，增益本身快速回應與靈敏應變的商戰能力，使得中衛體系的產業合作型態更上層樓，進而建構出一個先進產業特質所應有的嶄新風貌。

　　目前中衛中心在推動中衛體系電子化的階層中，致力於推動體系間的協同管理運作機制，運用協同設計、協同採購、協同製造、協同行銷、協同物流的體系協同管理機制，來擴大中衛體系的綜效。具體而言，推動協同管理有助於體系上、中、下游之所有參與協同作業對象，創造出價值鏈聚群之即時化競爭效益，這些效益包括：消除作業等待期間、縮短產品上市時間、提升庫存週轉率、滿足客戶達交需求、降低整體配送成本、造就創新彈性速度等。

因此協同管理作業能有效整合體系價值鏈之資源及能耐，進一步強化中衛合作體系，進而發揮體系合作的綜效，創造台灣產業更強而有力的競爭利基，以因應全球化、虛擬化、快速化的環境變遷需求。

　　有關中衛中心推動輔導體系電子化的案例，茲舉數例如後（詳見後續介紹的各篇案例），總之，面對現階段的電子化潮流，中衛中心不僅要協助企業及體系持續建構發展，更要使企業和體系得以善用電子化的工具，再結合企業、體系的專業智慧，來因應數位時代新趨勢，再創整體製造業的新頁，進而建構出全新風貌、具優勢競爭力的新世代電子化合作網絡。

企業流程改造（BPR）導入案例

　　和大工業為國內最大之汽機車齒輪及軸類專業製造廠商，創業迄今三十多年來秉持著「尊重專業、品質第一、效率為先、服務至上」四大經營理念。近幾年，和大除了在台灣地區維持領先地外，在海外地區的業績上也有亮麗的表現，公司未來前途可說是一片光明。

　　誠如彼得・杜拉克（Peter E. Drucker）在《巨變時代的管理》中明白的指出：「這個世界已經發生變化，而且是不可逆轉的巨大變化，經營者在面臨時代變動時，應能夠且必須採取行動。」和大高階經營者也注意到企業經營環境的變遷，隨著經濟國際化及科技的發展已促使商業上的國界逐漸消失，現今企業已進入全球化的競爭環境，面對國際的競爭。企業經營者也意識到必須對企業資源做最有效的利用，藉由企業流程改善及再造（BPR；Business Process Re-engineering）過程，重新檢視固有經營及獲利模式、有效整合資源及再造跨企業間作業程序、順暢內部流程，並快速整合企業與外部企業間之價值作業活動、創新管理模式、塑造利潤模式，同時調整企業經營的體質，並建立差異化競爭能力，以維持持久性的競爭優勢，迎接

瞬息萬變的市場,確保企業永遠領先。

流程整合　效能提升

　　中衛中心進行輔導之前,即要求由和大的各部門來思考工作流程的改進方式,藉由各部門本身來尋求出最有效率的作業模式,而非由輔導顧問來主導,也因此,此流程改造工程並未對和大企業內部造成太大的衝擊,員工也能在最短的時間內調適完畢。事實上,流程改造的關鍵在於對於產業或作業模式的熟悉度,由企業本身來主導搭配顧問的經驗及"Know-How"才能畢其功於一役。

　　經過流程改造,各個作業流程效率大幅提升。以研發件的整體作業流程為例,在流程改造之前,和大業務人員接受客戶之樣品詢價後,透過研發部門資深工程師進行估價,但估價過程中往往憑藉估價之工程師個人經驗判斷,缺乏可參考的標準估價資料,如標準工時資料、單位人工成本等,當某些製程需外包委外,則雙方人員在溝通上曠日廢時,嚴重影響報價時效及客戶滿意度。作業模式改造後,排除了全人工經驗式估價方式,建立整合式詢價標準作業程序,透過標準工時資料、單位人工成本及報價歷史資料電子化等基礎資料進行報價知識管理,同時建立與協力體系之協同作業模式,針對客戶需求體系

同步作業有效縮短作業時間、減少書面單據省確低附加價值之人工作業時間並提升作業時效性及客戶滿意度。

體質強化　體系升級

在進行和大內部 BPR 的同時，和大也重新審視並建立體系間作業流程運作機制，並分析規劃體系間電子商務系統需求，緊密結合體系營運流程與資訊科技，與體系協同夥伴分享即時、透通之資訊，有效達成資訊共享效益，創造快速回應市場之經營模式及管理能力，有效提升體系整體營運效率及附加價值。

目前國內齒輪業者大多數規模均屬中小企業或家庭加工業，員工人數及資本額有限。和大的協力廠商因為規模太小，管理能力普遍不足，要打破行之有年且還算順遂的合作方式存在著相當的困難。然而，在和大高階不斷強調改革的必要性及改變決心之下，建立雙贏的合作策略，與協力廠商共同成長。高階經營者除透過召開多場體系協力廠說明會外，亦親赴各協力廠拜會其經營者。在和大高層不斷地斡旋及宣誓改革的決心下，協力廠亦由最初的不瞭解、不願意，到現在樂在其中、順暢愉快，這是一個很大的改變。同時這也是一個從無到有的辛苦過程。和大由其各類協力廠中篩選出具示範性之協力廠，建

立典範作為後續體系協力廠商之樣版，針對個別示範廠商，和大不但出錢邀請顧問，並由廠內資深經理與顧問人員組成輔導團隊，進行協力廠體質提升、作業流程改善輔導、整合體系間作業模式並建立預示機制及建立協同設計管理模式，使協力體系廠商能即早反應、縮短整體週期時間、縮短體系間庫存壓力同時改變產品設計及作業模式，縮短整體開發時程、強化產品及機構設計，並針對產品生命週期作有效管理。協力廠間除明顯感受到成本降低及利潤提升的好處，而且協力廠為了運作更為順暢，彼此還互相學習教導，這使得廠商們的感情更像一家人。

邁向卓越　基業長青

完成和大及體系間 BPR 之後，除強化和大體系整體體質、提升協力廠管理能力、有效整合內外部資源及作業流程外，體系運作效率更加順暢，訂單詢報價處理從以往 10 天縮減至 8 天，在未來一年內有信心可以做到在 3 天內完成訂單詢報價處理；過去採購週期約要 40 天的時間，現在只需 21 天；在產品製造上，以前需要 5 個月，現在只要 2.5 個月即可交貨。當然，這只是初步的成果，將來還有很大的成長空間。更重要的是，國際客戶也對和大的努力透過訂單加以肯定。

企業資源規劃（ERP）導入案例

　　利用資訊技術提高生產力與競爭力，已是現代企業經營必備的工具與能力，佳興螺絲公司在莊英樹董事長的卓越領導下，已成爲台灣知名專業金屬螺絲製造廠商之一，雖然不是國內最大的螺絲公司，但成立至今 30 餘年，憑藉其良好的品質與技術，仍能在艱困的環境中屹立不搖。除總公司於臺灣以外，亦在海外設立 500 人之有關螺絲製造的工廠，不斷創造出亮麗的營業佳績。

　　但其在資訊整合方面仍有欠缺，e 化程度不足，加上客戶均爲電子電機產業的廠商（例如：士電、東元、歌林等以及歐美日之廠商），也都要求其供應商儘快 e 化進而能連線作業。由於佳興公司本身體質優良，產品標準化程度甚高且經營管理良好，公司全體員工亦已表達出強烈 e 化意願，爲能持續改善企業體質提昇其競爭力，因而規劃導入 ERP 電子化系統，以使企業維持競爭力，確保企業於螺絲製造永遠領先。

組織再造　流程整合

　　中衛中心在協助佳興螺絲規劃導入 ERP 電子化系統方面，是以其海外廠爲輔導重心。由於中衛中心與佳興螺絲具有多年之合作關係，對於公司之組織與經營已具相當之認知，因此很快針對海外廠之狀況成立專案推動組織（任務編組），研擬 ERP 系統導入之主要工作階段，進行海外廠作業診斷、組織再造、人員教育訓練、電子化需求分析討論、作業流程整合等等持續而密集的輔導。

　　由於參與的員工必須認眞、積極、主動、求知慾強，加上輔導顧問的經驗、領導的大力支持推動，才能成功的達成目標。經過一段時間的共同努力，電子化系統作業大輻提升，例如以往生管之生產計畫與管控皆以人工處理，生產活動計畫所需之基本資料亦尚未建立完整，如標準之生產途程、換模工時及加工工時、料品之不良率等使生產計畫及排程之擬定較爲困難。業務接獲訂單後，由生管以手動方式計算物料需求，而生管之排程亦屬較爲粗略之生產計畫，即交各製造課生產，並無進一步分析現場產能及物料之交期，如此生產進度不易掌握易造成生產期拉長及存貨積壓等情況。

　　經由 ERP 電子化系統作業的導入，基本資料重新規劃制

定、MRP、CRP 電腦化的快速處理，以往不易掌控生產進度的問題陸續改善。資訊延誤無法及時反映狀況，甚至由於手工報表編制資料不齊全，導致生產計畫製作不易精準，耗時費力，遇有變更很難即時調整等，這些皆在流程改造與電子化系統作業下迎刃而解。提升作業的時效性準確度，更進而減少庫存，及時出貨，提升客戶滿意度，加大企業營運商機。

強化體質　持續改善

在輔導佳興 ERP 過程中，也發現到台商在海外設廠的困難與艱辛，如同絕大部份踏實的台商一樣，每人都有不少的辛酸與血淚，延續台灣人苦幹認真打拚的生命力，活躍於世界各角落。也由於海外員工的文化種族價值觀等等的差異，台商國際化經營經驗的缺乏，更加深企業經營的困難，因此企業體質是否強健，是企業國際化經營的基石。

佳興企業本身由於領導者工作務實，經營理念正確，隨時注意內部管理缺失，經常與管理顧問合作改善公司營運，以致企業體質一向健全，所以雖然海外設廠初期遇到困難，皆能逐步改善，此次再經由 ERP 電子化系統作業，更加速企業體質的強化。過去業務接獲國外客戶訂單時，需先查詢庫存狀況，才決定需生產多少量、庫存的正確性是否有問題。因為成本資料

取得較慢，影響業務報價作業，當客戶詢問業務有關訂單交期、生產進度等資訊，便無法快速答覆客戶，這問題亦經由 ERP 連線的電子系統作業，不再有資訊取得不易的困擾，使客戶服務滿意度持續提升。尤其是國外客戶在了解佳興公司已導入 ERP 系統後，與佳興的合作關係更加的密切，充分反映出公司經營務實且持續改善的經營理念。

基業磐石　永續長青

　　中衛中心與佳興螺絲長期的合作關係，可以深深感受到經營者是一位心繫台灣放眼世界的企業家，時時記住台灣是公司的根基。而以一般所謂傳統產業的螺絲製造業，能夠推行先進的 ERP 電子化系統作業，在業界誠屬難能可貴，而且相當注重垂直與水平的研發工作，進而投資擴廠新產品，以維持業界的競爭力與領先地位，更不忘隨時引進新的管理知識，訓練提攜後輩，以延續企業的永續經營。

協同設計（CPDM）導入案例

前文提到的和大工業為台灣最大之汽機車齒輪及軸類製造廠商，1997 年以前以機車之齒輪及軸類產品為主要營運項目，但在 1998 年時開始調整產銷策略，生產附加價值高的汽車類產品，目前台灣和大已經以生產汽車類產品為主，並大量開發歐美汽車零組件產品市場，進入國際競爭市場。為了強化在國際市場的競爭力，和大積極導入產品壽期管理系統，藉由資訊科技使企業的設計研發能力能不斷的向上提升。

CIMData 在 2003 年度會議中仍然不斷的強調，產品資料管理（PDM；Product Data Management）是產品壽期管理（PLM；Product Lifecycle Management）成功的關鍵因素，沒有 PDM 提供完整的產品壽期資料與版本管理，PLM 便沒有良好的運作基礎來提供企業間協同運作。和大在體認到體系協同設計研發所能提升企業競爭力的同時，也深刻了解在企業升級前往下扎根的重要，期透過協同產品資料管理(CPDM)系統的導入，整合企業內人員、資訊與知識，重新檢視固有之設計研發模式，改善現行研發與設計變更流程，加強各部門間溝通之管道，使產品壽期資訊能正確傳遞。同時經由體系協同運作模式的建置，有

效整合企業內外資源，匯聚協力廠商設計與生產之能量，提升企業研發能力，減少設計變更發生，以快速正確的面對客戶瞬息萬變的需求，提供客戶最佳之服務。

作業改善　向下扎根

在和大工業企業內部，以往主要的資料文件都是靠人工傳遞方式來進行，與協力廠商或客戶間之商業文件及技術文件往來與交換，也都是依照這樣的方式，最常見的溝通方式便是面對面直接討論設計圖，或是以傳真、郵寄或掃成圖檔以 e-mail 寄給協力廠商，接著再以電話來進行討論，僅少部份是以 EDI 方式來直接進行處理。這樣的傳統作業方式相當耗費人力、時間、成本，並且容易造成圖面版本不一、溝通不良、圖面遺失重畫等等問題。

由於產品研發過程中資訊的傳遞不正確，造成設計變更發生頻率無法有效降低，因而無法降低成本、提升產品開發初期品質。中衛中心的輔導顧問首先針對和大內部運作體質進行改善，透過研發流程的再造與配合 CPDM 系統之運作，建立設計研發團隊運作模式。經由跨部門團隊成員，彼此提供意見與交流資訊，讓研發階段便能考慮量產時所會發生之問題，避免設計初期盲點造成量產設計變更的發生。並且透過資訊的透明化

管理，讓研發階段資訊能有效的傳遞到量產階段，避免因為資訊無法獲得，而造成量產時錯誤之發生。在體系廠商方面，透過體系協同服務與 PPAP 管理機制，控管體系間資訊傳遞之內容與正確性，和大得以有效控管體系間交流資訊，避免資料之遺失與錯誤的發生。

體系協同　多元服務

人員之間的溝通是設計研發階段常常發生之需求，尤其在設計研發的過程中，當設計圖檔轉換或交換過程中造成資料遺失，或是協力廠商無法完成設計內容，而需要修改時，此時透過電話或是傳真溝通方式往往無法達到預期的目標，故需要派遣設計及生產人員進行面對面現場溝通，或是文件不斷的往返作業，來解決這些問題。在市場競爭越來越激烈、成本不斷下降、客戶要求交貨時間越來越短的情況下，這樣的運作方式不但造成成本的增加、拉長設計研發之時程、並且無法有效提昇設計研發之能力。

為了讓企業內外之人員能夠快速的溝通，並交換所需之資訊，和大體系協同產品資料管理系統，以企業服務入口(ESP)，經由單一入口與人員認證授權機制，提供廠商、客戶與和大人員產品研發管理服務。本來客戶透過傳真或郵寄之紙面原圖，

容易使和大在判讀上因列印品質不良而產生錯誤，同時紙面原圖於後續生產加工過程無法重覆利用，必須經由人工重繪，因而造成人力與時間的浪費。現在，透過體系協同服務可直接交換CAD圖面，不僅在判讀過程更為精確，同時CAD圖面的再利用可加速產生試作過程所需資訊。

在體系協同運作方面，和大透過線上 3D 協同服務(COLA)進行與客戶及廠商之即時溝通，並透過 CAD 圖面的討論，交換彼此之意見，減少錯誤發生且快速反應客戶之需求。同時和大經由線上發圖機制，可有效管理體系廠商圖面使用正確性，在線上進行圖面檢視與列印，提升廠商作業效率並降低 CAD 系統建置成本，因而大大的提升了體系廠商之配合意願。

體系升級　邁向卓越

和大體系協同服務導入後，加速和大設計研發時程、提升體系廠商研發能力，同時有效的整合客戶、和大與體系廠商資訊及研發能力，縮短了設計研發時程。在導入後，原本試樣如期交貨比例從 30%提升至 50%，未來在更多客戶配合原圖之資料交換後，將朝 80%邁進。過去試作轉量產，首三批設計變更發生頻繁，導入後已明顯減少，未來將以首批量產即穩定為目標邁進。在產品壽期管理的這條路上，和大僅邁出了成功的第

一步，未來能有許多成長的空間。在導入的過程中，必須要強調的是系統提供的僅是加速的服務，更重要的是和大與體系廠商的努力──人員的積極參與才是和大體系廠商從 A 邁向 A+的重要關鍵，期待和大以此為基石，建立長青的基業。

MFG/PRO ERP 系統導入案例

　　各衛星廠面臨汽機車中心廠要求逐年降低原物料售價壓力，各衛星廠如何因應目標成本（Target Cost）？如何保有獲利？製造業利用資訊科技（Information Technology）協助提高生產力、競爭力與有效控制成本，是現代企業經營不可或缺的工具。永華機械公司是國內知名汽機車避震器(Cushion)製造廠商，為改善經營體質與提升競爭力，2002 年規劃導入 ERP（Enterprise Resource Planning）系統，選擇適合的 ERP 系統、輔導顧問、流程改造（BPR；Business Process Re-engineering）及有效的導入方法將是本專案重要關鍵。

　　中衛中心於 2002 年 12 月開始代理美國 QAD 公司適用於汽車產業的 MFG/PRO ERP 系統，當月即與永華機械公司簽訂軟體買賣及顧問導入合約，由多位熟悉 ERP 系統及車輛產業的顧問，輔導永華機械公司導入 MFG/PRO ERP 系統。藉由推動本系統專案，促使永華機械公司管理制度改善及資訊技術升級。

中衛體系協同合作

永華機械公司創立於 1963 年，屬於台日合資企業，主要製造汽機車避震器，包括：機車前後叉避震器（Front Fork and Rear Cushion for Motorcycle）、汽車避震器(Shock Absorber for Automobile)、汽車背門撐桿(Open Stay)及獨立懸吊避震器(Strut Damper)等產品——2002 年機車避震器市場佔有率達 31 ％，汽車避震器市場佔有率達 55 ％。

由中心廠及衛星廠角度觀察，永華機械公司是避震器供應衛星廠，中心廠客戶包括：國瑞汽車、中華汽車、裕隆汽車、山葉機車、台鈴機車及比雅久機車等大廠。中心廠競爭型態已由單一企業彼此競爭，改為中衛體系協同合作，不同體系間互相競爭。因此，永華機械公司在避震器供應商中，扮演非常重要地位。

導入 ERP 關鍵成功因素

永華機械公司導入 ERP 系統關鍵成功因素，可分企業內部與企業外部兩種。企業內部關鍵成功因素在於永華廠本身能夠掌握的因素，包括：高階主管支持及參與、企業流程再造

（BPR）、跨部門協調與配合、專案獎酬制度、導入成本與時程、員工的教育訓練與員工的態度；企業外部關鍵成功因素則是由中衛中心所負責主導，包括：軟硬體的穩定性、ERP 系統處理資料的正確性、ERP 系統功能、相同行業 ERP 導入成功案例、顧問師輔導經驗及專業與導入時間長短等因素。永華機械公司與中衛中心相輔相成，協力合作，共同成就本專案。

執行成效令人稱許

　　導入 ERP 系統是企業內部一項重大軟體工程建設，其中衡量績效指標(KPI)包括：業務接單至出貨天數由平均35天降為25天、會計結帳由每月 25 日提前至每月 2 日完成、原物料及成品庫存量正確性達到95%以上、庫存週轉率由 10 次提升至 14 次及間接人員工時每月節省 340 人工小時等，藉此檢驗導入 ERP 系統是否得到預期效益。

　　2003 年 1 月，永華機械公司與中衛中心共同組織 ERP 專案團隊，開始推動 ERP 專案。經一月及二月流程改造（BPR）、三月及四月教育訓練、五月及六月模擬測試、七月及八月真實資料實做，訓練永華機械公司使用者熟悉系統操作，瞭解子系統間資料拋轉，改善導入前長鞭效應（Bullwhip Effect）及流程缺口。

永華機械公司現已完成基本資料建檔如：料件結構（BOM）、製程作業（Routing）、客戶與供應商主檔、標準成本及會計科目等。在 2003 年 9 月開始執行會計開帳分錄，由 MFG/PRO 總帳系統登錄十月份的異動傳票時，已能結出 2003 年 10 月份資產負債表及損益表，且經列印電腦報表與人工帳冊比對無誤。現正加強生產製造、配銷及財務會計模組間資料串連演練，待各部門各使用者具備除錯能力及維持高度資料正確性後，即可完全啓用 MFG/PRO ERP 系統。

企業協同規劃、預測、補貨趨勢探析

　　企業協同規劃、預測、補貨作業（CPFR；Collaborative Planning, Forecasting, and Replenishment）是由美國 VICS（Voluntary Interindustry Commerce Standards）組織於 1998 年發表指南及方法論，目前已有上百家知名的企業，開始將其應用於供應鏈的協同作業上，如沃爾瑪（Wal-Mart），惠普（HP），嬌生（Johnson & Johnson）等。從西元 2000 年之後，全球經濟持續蕭條，企業在景氣如此不堪的狀況下，亟需利用新的經營模式來因應客戶無饜需求的市場。為了解決這個問題，「協同商務」因而興起，而 CPFR 是最受矚目的解決方案之一。

　　以產業鏈之角度來看，可分為兩部份：首先為供應鏈、另一為需求鏈，而 CPFR 所提供解決方案最具特色的是在於其切入角度的不同；CPFR 主要是以需求鏈的角度切入，包含如何利用協同製造商、3PL（Third Party Logistic）及與末端客戶互動實體（如大賣場、零售商……）進行共同之需求預測、規劃及補貨作業。CPFR 的整體運作模式涵蓋協同規劃、協同預測、協同補貨三大項，在「協同規劃（Collaborative Planning）」方面，協

同規劃之目的為確定協同運作關係的基本參數（如：協同運作的項目與類別、共享的資料、異常狀態管理等），及確定協同運作的商業流程（如規劃的遠程目標、凍結執行階段的時間等），主要步驟依序為擬訂原始協議、發展聯合事業計畫。

在「協同預測（Collaborative Forecasting）」方面，協同預測主要分為兩個階段包含「銷售預測階段」及「訂單預測階段」，此步驟主要目的是要因應需求預測之變化，但究竟是由零售端還是製造端，來負責銷售預測或訂單預測，則要視不同的商品及不同廠商間之主導權而定，其進行方式包括銷售預測、預測異常狀態辨識、合作處理異常項目；訂單預測：預測異常狀態辨識、合作處理異常項目。

在「協同補貨（Collaborative Replenishment）」方面，當預測階段完成後，將進入真正訂單產生階段，後續要面對的問題即為協同補貨，為了要使補貨之複雜大幅降低，在CPFR模式中提出「凍結階段」的概念，代表成員彼此同意在計畫中訂定近期目標數，近期目標數可視為凍結階段中已經確認的需求量。

就2002年而言，許多跨國企業開始將CPFR漸漸延伸至國際化的商業模式中，並愈來愈重視如何與「商品條碼（EAN.UCC）系統」所制定之國際標準，配合導入末端通路之 POS（Point of Sales）系統，以降低與世界各地商業夥伴溝通障礙，藉以加速達到國際化協同作業的終極目標。

推動協同產銷大勢所趨

　　台灣產業皆以生產製造能力聞名全球，包括紡織及電子等，早期皆以中小企業的運作模式、以低勞動成本的競爭優勢，投入代工生產的行列來創造台灣的經濟奇蹟。但隨著經濟環境的改變，台灣低勞動成本的競爭優勢已漸漸消失，企業主必須將工廠外移，尋求更低的生產成本。

　　成衣業是台灣重要的外銷產業之一，不過由於成衣業為勞力密集的產業，近年來國內發生勞工短缺，工資、土地、環保成本日益高漲，連帶使台灣成衣業經營成本增加，並使成衣業者生產成本無法與中國大陸、東南亞以及其他新興國家相比。再加上國際區域經貿體系逐漸形成及紡織品配額限制，非區域經貿體系內國家無法享受到關稅及配額的優惠，使得勞力密集導向的成衣工業面臨經營的瓶頸，導致產業積極外移，尋求更廣大的市場、更低廉的生產成本，促使台灣成衣業者早於 80、90 年代即於全球佈局，足跡涵蓋中國大陸、越南、柬浦寨、印尼、中南美洲……等。

　　隨著生產基地外移及企業營運規模逐漸擴大，伴隨而來的組織擴充及流程功能複雜化，因應早期經營規模的業務流程設

計及資訊應用，已不敷企業營運使用，而造成現今業務流程破碎、資訊流通不順暢、不必要的人工作業繁複……等。也因為管理流程缺乏持續改善與調適及整體性的規劃，跨部門或與協力廠相關流程破碎，造成資訊透通性不佳，必須花費更多的時間在部門間聯繫及協調的工作或者定期性會議上。各管理功能間資料也難藉由作業流程匯集並轉成可用的資訊，即時提供作業人員作業參考及主管作決策，可能使企業營運績效偏低。

　　成衣是講究流行的產業，相同產品生命週期短，且款式需求會有季節性的變化，客戶要求之成衣交期常短且緊湊。因此準確地控制交期、增加快速反應的能力為成衣業的競爭指標之一。但對於成衣業而言，主料、副料之交期變動因素卻常造成客戶交期的延遲，或供料異常警訊過晚顯現及傳遞，致使企業營運中樞來不及即時作反應，直接影響到客戶服務及本身企業經營效率與利潤。

多變量生產限制因素下之成衣製造

　　在多數人的印象中，成衣加工為一勞力密集之低技術加工產業，早在第一波產業外移行列，該外移早該外移了，那留在台灣的成衣加工業，又能作什麼呢？

　　看看今日台灣電子資訊產業 OEM/ODM 代工模式，台灣成

衣加工製造業早於二十多年前就已建立此種專業代工模式，不論今日大家耳熟能詳之服飾品牌，耐吉（Nike）、GAP、李維牛仔褲（Levi's）、Polo……等，知名連鎖賣場沃爾瑪、凱瑪特（K-Mart）、JC Penny、SERAS……等，不論是品牌商、大型通路商、服飾連鎖商，其主要代工夥伴皆為台灣幾家主要成衣代工廠商（台南企業、年興/如興、聚陽、南緯……等）所掌握，且由上節產業背景描述，成衣加工業為因應生產成本考量及關稅配額限制，生產據點多已移至人力成本低廉或關稅配額具優勢地區（東南亞、中國大陸、中美洲、非洲）。

但不同地區因最主要成衣進口地區（美國、加拿大、歐盟）政治、經濟考量，會針對不同地區國家給予不同關稅及紡織品配額優惠規定，而造成不同國家地區除了人工成本不同，還需考量配額成本不同；除了人工、配額成本的因素，尚需考量生產廠區當地人工工藝技能的不同。

簡單款式的成衣適合由工藝程度較低（人工成本也較低）的生產產區來生產，款式複雜的成衣就不適合由工藝程度較低產區生產；另成衣生產必須考慮的重要因素為原物料供料問題及運輸成本，大體人工便宜地區國家，多屬低度開發國家，基礎工業設施不足，成衣加工原料（各類天然/人造纖維加工布匹）多無法由當地供應，必須由其他生產產區調貨或由其他地區採購供料，因為供料及運輸考量也必須決定最適之供料地區

及供料方式。

　　除了上述諸多限制因素，尚有其他限制因素必須考量，如客戶喜好（某些客戶某些款式訂單偏好由某生產廠區生產供應）因素及核廠（此生產產區之生產環境、工安、勞工人權法規是否符合規定，且通過客戶實際認可）因素；種種限制因素考量外，又必須快速決策，從報價開始就要初步分配生產廠區，以取得客戶的同意，完成訂單諮商議價，到訂單確認準備購料，安排生產至成品出貨，這中間因為以上諸多限制因素不斷在產銷協調，而決策結論又必須獲得客戶的同意及供應商的配合，這整條產銷鏈由詢價、成本試算報價、試樣、核色、核樣、供料、加工、交貨過程需要與客戶、企業內各產銷單位、生產廠區、各主副料供應商作充分的協調溝通才能順利完成。

　　但此冗長過程已浪費太多時間於企業體、組織間之資訊傳遞及決策時間，所以本案例廠商希望藉由協同產銷機制建立，同步產銷分析，達成快速報價及即時的產銷決策。本案例廠商生產多款式成衣，且擁有多生產廠區（共 17 廠），在訂單分配的計算邏輯又較其他同業複雜與多變，所以在協同產銷機制建立中，先針對訂單分配邏輯作分析，歸納訂單分配限制因素如下描述：

一、配額因素

在成衣業中,各產區擁有總配額(產區自有量+產區預購量+產區預標量)的數量對總公司的訂單分派決策,具有很大的影響。因此如果某個產區擁有的配額數很多,則那一個產區所能接的顧客訂單,相較之下就能比其他的產區來的多。反之,如果產區所擁有的配額數較少,其接單的數量相對的就會較少。

對於配額因素而言,其為產品數量與配額成本之間的關係,所以利用配額成本作為配額因素的指標值。在訂單分派的過程中,配額成本包含在成本因素中一起考慮,同時配額成本不會因為生產品的款式不同而有所改變。

因此產銷與業務人員必須針對各國政府所規定的配額下去分配,將整年度的平織布或針織布做好一定的預估與規劃,粗略的先依照以往所接收的訂單以及業務所評估未來可能收到的訂單先適當的分配。

二、成本因素

成本因素所代表的指標為產品成本,而產品成本除了包括訂單生產成本外,也包括配額成本,其公式為生產成本+配額成本=產品成本(成本因素)。

　　因此在那個產區生產是影響成本的一個重大因素，如果沒有將配額成本列入考慮，業務在接單時所計算的成本就會不正確。所以決定生產地點時一定不可以忽略配額成本。

　　而配額成本是以應該平均分配到每一張該產區的訂單，所以計算方式是以該產區所花的配額成本除以在該產區生產的打數。若是發生配額不足，或有其他購買配額等相關成本，也要一併列入考量。

三、專精化因素

　　專精化因素主要考慮的項目為：各產區內的作業員平均的技能度。因為每個產區的作業員對不同產品款式的平均技能度不同，所以須考量每張訂單所需要作業員的技能程度，才能正確的將訂單分派給適合生產此訂單的產區，技能度愈高，則愈能生產複雜度高的產品。技能度的高低不能代表生產產品平均時間的大小。平均時間的大小應該由工時因素來考量，而技能度的高低則是代表同一個工段所需要作業員的人數，技能度愈高的作業員愈能做複雜的工段，但如果複雜的工段由技能度較低的作業員來進行，可能需要二人或三人合作來完成。

四、產能因素

　　產能因素代表產區在現階段是否有足夠的產能來生產訂單

所需的數量。訂單分派過程中須考慮訂單量的大小，將訂單分派給產能相近且大於此張訂單所需數量的產區，如此才是較佳的決策。因為如果將訂單分派給現階段擁有較大產能的產區來生產，則可能造成此產區接太多不同款式的訂單，產生生產線的換模成本過高。但也不能將訂單分派給產能低於此訂單數量的產區來生產，如此會造成產能不足而缺貨或加班的現象，所以應該將訂單分派給現階段產能較接近訂單所需數量的產區來生產，才是較佳的訂單分派方法。

五、客戶型態因素

客戶型態因素的考量主要針對各產區過去生產客戶訂單的比例做考量，了解各產區較適合生產那些客戶的訂單。

六、核廠因素

核廠主要由訂單所屬客戶來決定，由客戶實際到各產區去審核各產區的作業員技能度、品質、環境等因素，再判斷其所屬的訂單可在那些產區生產，不能在那些產區生產，故此因素由客戶來決定，非公司內部能決定。

七、原料產地因素

有些產品款式所需的原料較特別，或是產區所在的國家對

某些原料供應較少，所以不是每個產區都擁有所有訂單生產時所需的物料，若將訂單分派給該產區沒有符合的物料時，則會產生由別的產區調料的動作，如此將會造成額外的一筆生產成本，所以應該盡量將訂單分派給擁有訂單所需物料的產區來進行生產。

八、品質因素

訂單分派的決策過程中，須針對每張訂單所要求的品質程度，來衡量分派的產區，才能使生產出來的產品符合客戶的要求。

九、工時因素

工時因素主要為生產單件產品的平均時間，時間的大小分別代表生產單位產品速度的快慢。訂單分派時須分派訂單給符合產品款式所需平均生產工時的產區，才能達到此張訂單的效率、成本與交期。

綜合以上各限制因素分析歸納，建構個案公司協同產銷模式，將個案公司由傳統程序性（process）的產銷決策模式，轉型為協同產銷模式，是為協同帶給個案公司最大的效益，將傳統供應鏈發揮極致之價值鏈轉型。

結語

　　由於有關個案推動協同產銷的研究，有許多屬於個案公司商業機密，不便於文章中作細節描述，還請讀者見諒。但是，本文主要闡述的目的，在於揭櫫企業要在此無國界的商戰角力中，想要攫取勝出存活的機會，必須摒棄單打獨鬥的意念，以宏觀、共存共榮的經營視野，積極地採取各項協同合作的商業運作機制，才是當今企業的永續生存之道。

運用協同合作掌握全球商機

　　由於顧客需求變異快速且多樣化，使得產品的生命週期與價格很難予以精確的掌握，再加上全球化的商業趨勢及網際網路技術的成熟，使得全球商業環境的競爭更加複雜劇烈，因此未來要掌握全球市場的趨勢與脈動，協同合作的方式將是不二的選擇。

　　協同合作的方式有很多，而國內的知名 CD-R 製造商中環，便利用企業協同規劃、預測、補貨作業（CPFR；Collaborative Planning, Forecasting, and Replenishment）模式的運作與客戶端來推動協同合作，是國內推行 CPFR 成功的首件案例。其推動之背景主要是將台灣發展成為全球運籌總部，以透過 e 化運作來執行全球運籌，並藉由這項模式的建立，落實政府在台發展政策。

　　中環本身以生產儲存光碟為主，全球有 16 個生產據點支援前端顧客的需求，而目前中環的運作主要是與前端擁有配送中心的盤商合作，此次推動重點是與美國某客戶進行協同預測、規劃及補貨之全球運籌模式。

　　協同合作推動成功與否的關鍵，在於協同夥伴間能否建立出一套良善的互信機制，所以中環認為在推動 CPFR 的初期，首

要之務是選定具互信基礎的協同對象，同時認為協同對象執行 CPFR 的能力及協同項目，也必須建立一套結構性的推行方法。在此針對中環推動方法作說明如下：

中環在第一階段中，先就協同對象的 CPFR 能力進行評估，主要以四大方向進行，包含協同流程（聯合商業計畫、促銷或新商品推動、結果評估流程）規劃，及預測之整合模式（資訊技術的應用、需求訊息之掌握、全球需求預測的整合應用）、補貨機制、供應鏈管理等。在第二階段開始進行協同議題的討論，主要包含協同目標及範疇、例外管理標準及 KPI、資料交換項目的選定等。

在 CPFR 標準模式下，主要包含九大步驟，因中環合作的夥伴並沒有直接接觸終端客戶，所以在整個 CPFR 模式中，九大推動步驟省略了建立銷售預測、確認銷售預測異常狀況、共同解決銷售預測異常項三大項目。在歸納後，根據第一階段協同夥伴的選定及第二階段協同議題討論完成後，再依循建立之 CPFR 模式的六個步驟來進行，這分別包含：發展協同合作協議、建立協同合作商業計畫、建立訂單預測、確認訂單預測異常狀況、共同解決異常項目、訂單產生等。

以上六個步驟的運作原則，則以運作情境、KPI 衡量尺度、例外管理標準，來進行共同資訊的分享以及協同流程的啟動。在運作情境方面，主要是考量「訂單預測及訂單產生」；在 KPI

衡量尺度方面分為兩部份，其中中環的部份，主要包含銷售及訂單預測準確率、客戶庫存週轉率及庫存服務水準、訂單滿足比率及配送準時到達比率，而美國盤商的部份，則包含配送準時到達比率、訂單履行比率、訂單預測準確度、生產前置時間；另外在例外管理機制上，以「正常預測例外>10%、促銷預測例外>15%、季節預測>15%」原則及前述步驟的「共同解決異常項目」來訂定。

中環期望未來能藉由CPFR模式的圓融運作，能更準確掌握顧客端的需求，進而發展出更具效率的全球供應鏈模式。

擴張企業全球生產佈局的版圖

　　近年來，在整體產業產銷體系大幅改變的情況下，產業國際化經營面臨日益增加的競爭與挑戰，對全球化營運模式之策略考量將更顯重要。集團企業進行全球設廠佈局通常分為兩個目的：其一是希望取得關稅及貿易上的便利、廉價勞工、資金補助以及降低運籌成本等等，完全是以能接近市場與降低成本生產為考量，此類海外工廠所負責之工作範圍、責任及運用之資源，通常由營運總部母廠全權主導。而另外一種目的，則是希望能藉此更接近顧客及供應商、吸引更為優秀有潛力的員工、為公司取得更多專業技術，是以接近各種技術與技能為考量，此種海外工廠角色不僅只是產品之製造，在售後服務與產品研發上亦扮演重要角色。

　　無論企業是朝生產製造、研發設計或行銷後勤為導向來進行佈局，將專業化的單位分散於全球各處，而不將其聚集於一地，其目的在避免把專業單位過度聚集於一地，將會導致公司喪失吸納其他地區條件更優於本國之機會，我們在此先從以生產為首要考量的境外工廠型營運模式來談起。

　　集團企業設置海外生產基地，通常著眼於是否能在當地取

得相對低廉的生產要素，如廉價勞工、低成本原料或租約優惠的土地廠房等，中國大陸龐大內需市場與低廉生產成本所造成之中國磁吸效應，儼然成為集團企業設置境外工廠的最愛。境外工廠既然是以低生產成本考量，所以在當地生產體系的結盟方式及如何充分發揮當地生產要素，攸關本身在全球市場上整體的能耐與競爭力的蓄積，管理者必須深入了解其海外生產體系在企業全球策略上的發展潛力，方能達成正確的決策。

生產製造是企業價值鏈價值活動不可或缺的一環，但以微笑曲線來看，其附加價值比之研發、行銷等價值活動相對不高。境外工廠有其重要基本功能，若欲提高其附加價值，有兩種方式：其一是逐漸轉型朝向兼具研發或行銷之策略角色，再則就是如何發揮協同管理效益以提升其角色地位，藉由上中下游合作體系整體價值活動（如研發、採購、製造、行銷、配送、服務等）流程程序之整合，使價值鏈中每個個體之需求變化能立即反應至各個環結，達到快速、同步、合作的協同管理優勢。如此一來，負責生產的境外工廠，勢必更能確保原物料供應狀況以降低庫存成本，並確實掌握市場需求變化以進行最佳生產計畫，不僅節省不必要之生產成本，而且能創造更多生產優勢。

因此，集團企業思索如何設置境外工廠時，不應只是考量當地低廉的生產條件，更應該思考境外工廠在價值鏈中，如何

透過價值活動中最適化的互動流程，創造出具營運利基的新價值，並藉此取得更勝一籌的營運優勢。

第五章

創意生活產業

生活美學讓產業亮麗起來

　　談創意生活產業時，不論大家對這個名詞的了解如何，大多數人可能馬上會聯想到日本、法國、印尼峇里島等地，映入印象的是享受生活的樂園。為什麼會有如此的聯想呢？我們可能想去日本感受、體驗櫻花祭的浪漫，想置身在薰衣草的紫色風情；想到峇里島去體驗藍天大海的熱情，感受身心靈紓解的SPA 溫情。這樣美的親身體驗是誘惑人的，這是人們對於愉悅生活的需求。因此，我們看到這些觀光勝地，每年湧入可觀的觀光客來體驗不同的生活型態，當地生活產業也因而蓬勃發展。

　　台灣有生活美學嗎？生活美學對於產業、對於社會的意涵是什麼？近年來，從城市到鄉村，散發著一股休閒產業風，在都市中可發現不少精緻的花草庭園咖啡，讓城市人在工作繁碌中，偷得浮生半日閒。在鄉村山間，更是到處座落著香草休閒農場或是特色主題休閒餐廳，吸引著假日的朝聖人潮。從這裏我們可以發現，隨著國人對生活品質的重視，國民旅遊相應而起，當一般人難以有長假期到國外體驗不同的生活美學時，便就近在國內的山間小徑尋幽，體驗移植的異國風情或鄉村生活

之美。

　　創意生活產業其實是以既有產業為基礎，把過去只重賺錢的「無聊」產業轉型變成讓顧客消費後樂道的「有聊」產業。它的「微笑曲線」，除了經濟的價值鏈外，更有其社會面的價值，亦即經營者本身要有鼓動生命的力量和泉源，需要一些巧思，也給人好玩的感覺，可以引起消費者共鳴及結緣，這是讓人感受到業者的生活美學，因此是邀請「消費者」來成為自家的「客人」。

　　舉例而言，花蓮的君達休閒農場，當初是一家旅店，在面對整個社會生活需求的改變，以及國內市場的競爭，開始思考轉型之路。在轉型過程中，經由政府的協助輔導，重新定位以香草、健康之精緻休閒農場為主，並以生活美學的體驗為訴求，運用花蓮好山、好水、好空氣的特點，創意結合附近農村的資源，將生活美學化諸真實世界，讓人融入實擬虛境的美學體驗。所以，當踏入園區時，彷若置身異國香草世界，感受到神清氣爽的健康心情，用愉悅的心情來體驗香草饗宴、悠然在香草迷宮中吸收大自然香草 SPA、也可透過 DIY 教學認識香草植栽與創作樂趣……。

　　此一園區的創意，是源自植栽與健康的專業知識，及其對於生活內涵的重視，因此運用複合經營方式，結合異業合作的鄉野活動，創新精緻休閒農業，讓產業更貼近生活，也延伸了

產業的生命。從這個轉型例子，在經營成效方面，營收較轉型前成長約 2 倍，也相對增加附近商家營收成長，此外，更發展建立香草精油的自我品牌，奠立了未來市場擴展的基礎。至於，社會價值面，則是提高互動消費模式與學習的認同感，提升生活品味的愉悅感受，當然，也形塑了園區就業員工的工作樂園。

　　創意生活產業，既然是邀請訪客來作客，怎會不花心思來呈現自己的創意？生活美學讓人們的生活品味提升了，生活美學也讓產業呈現得更亮麗，而這些都來自創意的無限。

產業創意加分　生活優質滿分

在全球經濟普遍衰退、國內景氣持續低迷不振的聲浪中，國內外近年來卻不斷在談論文化內涵、創意資本、生活品質與產業經濟的關係，形成一波波「文化是好生意」的熱門議題，在此有幾個趨勢是值得思索的。

首先，我們看到過去大量生產、大量消費的高度物質繁榮社會，已漸朝向追求生活品質的提升；其次，隨著全球化與國際交流的擴大，人們對於文化認同的關心、生活型態的滿足逐漸重視。這樣的趨勢，反應在經濟活動上，我們可以發現，產業經濟從生產趨動轉向為消費趨動，消費者追求的是對商品的感覺、價值觀，生產者便得不斷求新、變異，方能滿足消費者對生活品質的需求。

根據國外經驗，一個國家國民所得超過一萬美元以上，生活產業就會起飛，然而這個經驗法則似未適用於國內。也許是生活文化的特殊性，長時間以來，我們總是日以繼夜地辛勞工作，甚少會享受如何來忙裡偷閒過日子，也很少經營家庭生活。舉個大家頗為熟悉的一則廣告，「打拼的勞工，創造台灣的奇蹟」，過去的苦日子，沒有這些辛苦的勞工，大概就沒有

所謂的台灣奇蹟，但是同樣的一批勞工，也恐難再造第二次的奇蹟。再舉個廣告，兩個小女孩欣喜期待假日與爸爸到海邊嬉戲的時刻，卻被一通公司的電話差點毀了，正是沮喪無奈時，小女兒的一句話「不能把客戶帶到海邊談公事嗎？」，化解了一場掃興的親子風波，這時畫面出現在碧海藍天下，爸爸開心地與客戶講電話談公事，女兒們則高高興興地在海邊玩耍。從這個例子，可以看到經濟活動的本質跟過去不同了，不再只是追求物質財富的富足，而是回應到生活環境的滿足。

從上述全球經濟的趨勢，與經濟活動本質的轉變，可知國內產業需尋出新的方向，以重塑產業經濟的優勢。政府為了協助國內產業提高競爭力的新優勢，在 2008 國家發展重點計畫乃將「文化創意產業」列為施政重點工作之一，並將「創意生活產業發展計畫」列為其中一項子計畫。這項計畫對於既有產業的意涵，即是如何經由文化內涵、創意元素的高感受，運用到產業既有的生產、製造基礎，提高經濟活動的附加價值，並增進生活品質的提升。

國內的產業哪些可屬於創意生活產業？大概可從兩個層面來看，其一是源自創意或文化積累，以創新的經營方式提供食、衣、住、行、育、樂各領域有用的商品或服務。其二是運用複合式經營，具創意再生能力，並提供學習體驗活動。簡單地說，即是出賣創意的生活型態的產業，並透過複合式的經營

方式，提供給消費者新穎的生活提案。

更甚者，我們期盼的生活產業應包括文化、創意與核心知識的整合，提供客人深度體驗的學習和高質美感的回憶。

近年來，我們看到珍珠奶茶飄洋過海，吹起了冷飲茶風，但能否像星巴克（Starbucks）在台灣形成一種生活型態，用生活帶來更多的商機？過去，中國的飲酒文化，總予人「乾杯」、「乎乾啦」的印象，現在已有業者開始注入健康品酌的生活觀，創意地結合果農所生產香甜的水果，釀成各式水果酒，提供消費者釀酒的知識，酒莊裏賣的不是酒，而是健康生活的釀酒知識。類似此型態生活產業，創意可能來自跟不同產業或相關產業的結合，打破了農、工、商、服務業的產業分類範疇，因創意生活產業的特性之一，即是經營的附加價值往往來自跨業的結合，它的產值除了原來各主要產業產生的直接效益外，還包括關聯產業所衍生的間接效益，這些經濟效益正是有賴創意生活產業計畫的推展。

從大家對創意生活產業的重視和消費形態的改變來看，台灣的產業發展已從生產邁向生態與生活相互結合的趨向了。由於中衛中心向以產業合作的好夥伴自許，現在起更將以創意生活產業發展計畫，協助國內產業找出新的競爭優勢，同時，也期許以新的經濟優勢，與業界共同努力來提升我們的生活品質。咸信創意生活產業的推動，將為我國經濟水平的提升帶向

更高的層次，亟待各界人士共襄盛舉，一起來發揮創意的精
神，為活絡我國產業的優質發展，注入一股源源不絕的活水。

當生活創意遇見數字經濟

經歷過物質富裕時代之後，我們愈來愈能體會到「錢四腳，人兩腳」的感受，也開始有時間思考我們的生活要什麼？什麼樣的經濟發展對整體社會可以產生更好的影響？因此，從科技文明到生活文化，所謂以文化創意基盤的產業，亦即文化創意或創意產業，普遍成為國內外討論的產業課題。

近來，參加幾次會議，發現在談論此一課題時，所謂的「文化人」與「經濟人」的特質差異，似乎引發產業推動的另一課題——文化如何能與經濟結合？這就好比以前我們在談「科技專業」如何與「管理」結合？一群科技人如何能合作共事？然而，從人類生長需求來看，生存是基本共同面臨的問題，當資本主義深植人類歷史以來，我們一直為生存問題而努力。在經歷過生存掙扎年代後，回過頭來看生活、文化這件事，才發現要讓文化成為好生意，用生活找到好商機，是需從社會的文化底盤是否深厚來解析的，簡單地說是我們的生活文化是否足以成為商機的內容。

從產業化的角度，供給方面，應包括文化與經濟的適切結合；需求則是指生活，也就是人們對生活的愉悅體驗。因此，

在推動上，應可以思考幾個要素：一、文化積累或創意運用。二、產業發展的特殊資源或條件。三、文化與經濟的中介平台運作。

　　台灣最近幾年，除了科技產業蔚為主流外，另外則是從在地的角度，推動地方特色產業，這是在做產業文化化、文化產業化紮根的工作。地方文化是種特有的文化基盤，地方產業則是以特色資源或條件發展的，因此，若能運用創意，妥為結合「文化」與「經濟」兩端，以生活型態或風格的載體來表現，相信可成為綜合性的創意生活產業，發揮產業更大的貢獻。

　　舉例而言，南投的竹產業原是地方特色產業，竹工藝也是當地的生活技能，然而，經濟性竹作物或一般的竹藝品，已難與國外精緻手工藝或東南亞低廉工藝價格相較。但是我們也發現當地有個竹文化園區，善用當地竹產資源，創意地從竹產作物延伸到樹立賞竹的生活風格，用108種生態竹林的景觀設計，讓人彷若置身「採竹山林下」的古風詩境。同時也透過導覽解說，讓訪客學習認識竹藝之美、豐富了生活知識。

　　這樣的一個竹林園區的巧思，有其在地文化的基礎，復加以經營者的創作理念與對竹藝文化的熱情。對於竹產業的經營，經由中介平台（政府輔導）的協助，延伸了原本的生產導向，並走向常民生活的美學，讓竹工藝從 OEM 走向 ODM，相對地提高了竹產業的附加價值。這是運用創意，讓生活文化與

經濟結合的良好詮釋。在這個例子中，可發現其產業化的特點：一方面透過觀光、休閒的結合，來服務大量的顧客；其二，產出的品質、水準具有相當的標準化，讓顧客得以實地體驗；其三，透過市場機制承擔風險或分享利潤。

　　「無巧不成書，無竹不歷史」，這句園區內的對聯，讓人明瞭愈是焠煉的歷史、文化，愈能萃取出生活產業的契機。台灣的文化基磐常被討論，但在這塊土地上，有多元的生活資源與風貌，只要能找出在地的獨特性，對我們自己的生活有信心，相信是可以運用創意，讓生活文化與數字經濟擦迸出火花，這也是推動創意生活產業的意義。

製造延伸　價值倍增

　　傳銷業常用的一句流行話是：時間倍增。由於時間倍增，所以更有機會獲得好的報酬或利益，因為時間是最公平的，誰能倍增時間，自然會有較高機率的成功因子。相同的，時間倍增的觀念一樣可以運用到製造業，只是要略為修改為「製造延伸，價值倍增」，其中意謂著想要倍增製造業的價值，就不能只是關心製造本身，而必須將製造向外延伸，不能只是賺製造本身的錢。事實上，這個觀念有些類似「微笑曲線」，由賺製造的利潤向研發或行銷服務延伸發展更佳、更好的利潤，不過此處的「製造延伸」則考量研發或行銷服務兩端外的另類延伸。

　　所謂「另類延伸」是指運用製造本身的基礎，如生產流程、設備與廠區等，再加以結合在地文化內涵、觀光休憩與學習體驗等要素，將製造本身所蘊涵的潛在價值從而提升為顯現價值，並與製造生產相互輝映又相得益彰。舉個實例來說，到南投埔里的遊客大概都安排到該地著名的酒廠，同時各個遊客還都摩肩接踵搶購冰棒與相關的產品。這個酒廠不僅賺生產酒類的錢，同時更賺進大把大把觀光遊客的錢，非但未影響生產

線的運作，反而藉由生產本身的特色創造出新的價值。

　　另一個著名的例子則是位於大甲工業區內的先麥食品公司，它藉由芋頭餅的產品創新帶動大甲芋頭地方產業的蓬勃興盛，更將這段經歷結合工廠本身的經營歷史與大甲的人文地理，將工廠躍升為大甲地區的觀光景點，一邊介紹工廠生產流程，一邊以圖表、照片及實物瀏覽大甲的文化風情，同時還有芋頭餅製作的 DIY 學習體驗服務，營業業績與企業聲譽蒸蒸日上，真是「一兼兩顧，摸蜊仔兼洗褲」。另外，曾有一家工廠早期是以木製品外銷的，但隨由需求的變遷，木製品的外銷日漸凋零，這家工廠另類思考則是維持木製品的生產作業，同時進行環境整頓，將廠區開放參觀遊覽，將本身生產的木製品提供遊客簡易 DIY 與彩繪，凋零的木製品外銷由學習參觀的木製品取代中，真是物換星移，代代均有風華光采顯。

　　上述類似的例子不勝枚舉，各有特色及經營樣態，但其中重要的共同點則是，這些例子模糊了產業與行業間的界限，更需要結合服務作為，成為一般戲稱的 1.5 或 2.5 間隙產業；另外值得注意，當這些例子越能將在地人文地理與製造本身有高度關聯，越會有好切入的營運績效，若再不斷思考產品或服務的創新，更會如虎添翼，除可倍增加企業營業業績，更能提高企業聲譽。

　　事實上，製造業的市場有外銷與內銷兩面，往昔我們製造

業大抵是以 OEM 形式參與競爭，隨由生活品質與整體所得水準的提高，早期製造業對內需市場著力未若外銷市場，此時實是可以再反轉思考，考量能否深入開拓內需市場。由於投入內需市場必然要與服務相結合，於是「製造業服務化」的概念必須落實在日常運作中。製造業服務化必須思考在地需求，篩選生產製造精華特色以簡易圖文方式表現出來，再運用各式創意將產品、設備、廠區與服務結合在地文化、歷史文物或及在地景點等，以豐富服務內容。

「產業之旅」是可以考慮的推動工作，如結合當地景點共同辦理，行程中除景點參觀介紹外，也安排工廠參觀，藉機介紹產業相關知識與企業本身，再運用企業現有設備提供 DIY 學習體驗或餐飲服務，以擴大企業產品的行銷。這不正是「製造延伸，價值倍增」的運用實例！

換個角度來看，「製造延伸，價值倍增」也是營造新「生活風格」，更是創意產業的一環，如何使產業具有高文化涵量，又如使高文化涵量的活動走向產業化，「製造延伸，價值倍增」提供了一個可能的選擇性。消費者購買產品，已經不僅是買產品，同時也是再消費「生活風格」，如何創建新「生活風格」恐怕是未來競爭優勢的條件，現在不能只賣產品、服務，我們要「生活風格」，製造延伸就是要掌握這個趨勢來倍增價值。

「出賣」生活

　　創意產業在一九九〇年代末由英國首倡，隨後澳洲、紐西蘭、韓國、香港與新加坡等國都將其視爲產業轉型的重要契機。二〇〇二年台灣也加入這個行列，同時思考以文化、創意的「無形資產」作爲新一波產業起飛及經濟開發的動源，並訂名爲「文化創意產業」，接軌全球產業發展的趨勢。

　　「文化創意產業」迥異於傳統以「物」或「生產」爲主軸的思考發展，特別重視「智慧財產」的衍生運用；因而以文化、創意爲核心所衍生出的藝術、出版、傳播、數位軟體與設計等，甚至學習體驗及娛樂觀光休閒各範疇時，都能積累出巨大的經濟能量與產業效益。

　　當思考文化、創意落實於台灣本土的產業發展時，除要維持高科技產業既有創新與競爭力外，更應考量如何使傳統產業創意化，同時促使高文化涵量的活動走向產業化。對文化與創意的轉乘應用，進而形成產業化，將成爲台灣競爭力的新泉源，而其核心骨幹就是結合台灣本土特有的生活型態與風土民情、中小企業彈性創新思維的商業模式，與開發運用具學習體驗的觀光休閒等各因素，打造出具魅力的新事業。

「創意生活產業發展計畫」正是要表彰推廣這個理念，讓消費者從食、衣、住、行、育、樂等生活領域中，感受「生活風格」的趣味，營造出新異和驚奇的學習體驗，進而享受生活。換言之，往昔是追求節省工時來創造競爭力，當前則是消化時間來創建核心力，實是出賣生活，進而創新生活，從而由生活中贏取新的產業發展戰線。用簡單的說法就是追求創意與文化內涵的結合，建立自我風格，使能立於不敗之地。誠品書店不僅只是賣書而已，因為到誠品我們不只是想買書，更是享受它的風格呀！除去風格，所剩為何？

「創意生活產業」，從字面上的排列中，可以從兩個有趣的方面來詮釋；第一：「創意‧生活產業」。第二：「創意生活‧產業」。「創意‧生活產業」即是創意＋生活產業，意謂著「生活產業的創意化：將既有的生活產業有創意地經營」。另外「創意生活‧產業」即是構思創意生活的種種可能，而後再追求產業的實踐性，這傾向於以創意為主導，再透過商品化與商業化模式衍生新的產業或促使產業轉型。所以創意生活強調的是一種雙向或多元的經營，產業的價值在創新豐富生活的體驗與學習，產品服務是以感性的方式創造新消費風格。

目前，由中衛中心所執行的「創意生活產業計畫」，經推動以來，初步分析創意生活產業的轉型或創業型態大概有下列幾種形式：㈠是以休閒觀光體驗式的創意經營為核心（包含生

態農場、教育農場、休閒遊樂場等）；㈡以傳統產業的創意經營爲核心；㈢是以工業核心知識創意經營者；㈣是以與民生相關領域進行的複合經營，絕大多數以提供商業服務爲主（餐飲、教育、環境、運輸業等）。更重要的是，對這些企業廠商初步觀察，即便在通貨緊縮的環境中，大都仍具有不錯的經營業績，顯示創意與文化結合的營運模式是對抗不景氣的一帖良方。

　　一九九八年美國學者約瑟夫‧派因（B. Joseph Pine II）與詹姆斯‧吉爾摩 (James H. Gilmore) 在《哈佛商業評論》七、八月雙月刊，發表一篇名爲〈迎接體驗經濟〉（Welcome to the Experience Economy）的文章，文中述及，在當代經濟劇烈發展變遷的同時，新的消費型態將重視體驗式，當經濟隨社會型態與消費改變的演進，過往的農業經濟、工業經濟、服務經濟會轉變至「體驗經濟」，企業除了在產品功能、價格與服務上需要創新改革外，另外更要以生活和情境感受，開發消費者感官學習的價值行銷將是趨勢，也藉由提供不同生活風格的體驗，創造消費者不同的消費價值。

　　如此當「生活也可以販賣」時，新生的創意才會更落實，因爲一切的科技、發明與改革，不都是在讓我們的生活更加愉悅與更有體會感受。

三代方知吃穿

老一輩的台灣人常說到「三代方知吃穿」，這句道地的古諺，充分地反應出一般日常生活由平凡簡樸邁向精緻文化的過程。換言之，文化的發展與涵養是必須通得過時間的考驗，而讓產業的發展能與文化內涵相結合，則必須思慮非僅是表象的陳列，更要運用創新的手法，將文化深層的內涵以簡約又不失原味的方式展現，這是文化型創意生活產業的核心課題。就好比拿「吃」這件事來說，先要滿足基本的吃，才會論及到吃得飽、吃得好與吃得歡喜愉悅，進而吃出文化的韻味與感動。

現代的餐飲業大多數仍停留在基本的吃和吃得飽這個階段，因而形成以量或價來取勝，事實上吃是有不同的層次，如果我們思考開一家具中國風或原民味的餐飲店，除了需考量口味外，更重要的是必須要有整體的裝飾與搭配，以及身、心、靈的體驗與滿足，如果能夠讓客人在吃的同時，又能伴隨知識的增長，餐飲店才能擺脫「量或價」的競爭，如此才能談到吃的風格與文化。這說明了文化型創意生活產業關切的不只是「物象」的外表而已，它更關心「物象」本身所散發出的內涵與風韻，如此才能超越競爭，展現勝出的經營風格。

　　有人說未來社會是說故事或夢想的社會，正彰顯出經營風格的重要性，因為流傳下來的經營風格都會伴隨著迷人又耐人尋味的感動，這時我們來到這家餐飲店將不只滿足於基本的口腹之慾，甚至更想深入瞭解探析經營故事。

　　例如台中先麥食品公司原先是一家製造「收涎餅」的餅舖，因與當地的芋頭農產相結合，進而發展出有名的芋頭酥，但這個芋頭酥的研發和上市卻有著不為外人所知的一段軼事。第二代經營者將這段軼事結合工廠的製造過程，再融入當地大甲媽祖的文化特色，進而形成經營故事，現在這個經營故事更向上結合景點導遊與大甲媽祖廟，發展成為國際觀光文化節，傳頌著大甲芋頭產業的本土經營故事。現在，原已衰退的芋頭耕地已擴充到600甲，產業經濟聚落儼然成形。這家食品公司所帶動的大甲芋頭酥，延伸了食品烘焙加工的製造，綜合著休閒觀光、生態學習、文化教育，進而展現出新的產業風貌，成為一種非食品業的食品業。

　　類似的案例不勝枚舉，重要的是要以文化的韻味與感動發展出經營故事，其成功關鍵因素至少包括：

1. 經營態度是平衡的。追求理性的效率外，也要考量到社會富裕的定義不只是經濟的考量，也是生活的、文化的，進而重視經營的核心價值及故事化感受。
2. 建立一個開放、尊重與創意和經營風格的管理。

3. 運用產業、社區生活或企業本身所屬的文物、人文與其內涵及相關軼事傳說等基本元素，輔以創意互為沿用來說故事。

4. 讓被挖掘、盤點、開發與整合的題材故事，運用科技資訊能力或適當工具加以轉換，形成產品加值，如應用在包裝行銷上，將創意變成生意。

5. 持續培育人才與企業文化或經營核心價值的創意推廣。

是綠色矽島更是生活寶島

　　經營管理的諮詢顧問服務，一直是我們中衛中心的服務使命。中衛中心在工業經濟時代，提供生產管理的諮詢顧問，在知識經濟時代，提供電子化的諮詢顧問；當體驗經濟蔚爲潮流時，本中心則率先提供創意管理的諮詢顧問，藉由融合文化、創意與經營管理的乘數效應，讓服務價值倍增，讓我們的生活不只是有品質，而更有品味。

　　「創意生活產業」是體驗經濟的重要課題，因爲「生活」代表著「需求」，「產業」代表著「供應」，需求與供應間常常會發生波動或不均衡，若能妥切運用「創意」加以連結，自然容易博得消費者的認同和滿意。創意的運用決非空穴來風，而是經由長久對特定對象的專心思考或靈光乍現，所以創意可能是全然嶄新的形式（新穎式）或是舊瓶新酒式（文化創新式）。創意生活產業在推動時考量這樣的特色，也分爲「創意型生活事業」及「文化型生活事業」兩種，因此創意生活產業的推動定義，就是：源自「創意或文化累積」，以創新的經營方式提供食、衣、住、行、育、樂各領域有用的商品或服務，並應用「複合式經營」，具有「創意再生」能力，提供知識增

長或學習體驗活動。

上述的定義，浮現出了一幅創意生活事業的示意圖，供給端是產業聚落，需求端是優質生活，連接供需兩端的是創新式或文化式的經營，又由生活機能需求是多樣性且富連續的變化性，創意生活事業的經營必然為複合式或是業種間的聯盟結合，此可視為「複合式經營的表現」，同時要不斷設計思考符合生活變化節奏的產品、服務或活動，乃為「創意再生」之義。因此成功的創意生活產業，必會具備著高文化涵量或極盡巧思的創意。

創意生活產業是以「人」為思考核心的，當我們在暢遊人生時，希望大家能掌握工作對時間、效率與品質等要求，更要懂得享受生活的喜悅、有趣與殺時間的樂趣等；人生要吃硬又吃軟，所謂「硬」指的是產品、設備和設施等；「軟」的是指文化內涵、幽默的創意、給人驚喜的感受等。畢竟，生活是整體與全面的，不僅重邏輯、說理和說教外，還有感覺、愉悅感受及體驗學習。

創意生活產業不同於其他產業主要有二。其一是它的產業界線模糊，橫跨農、工、服務業等一、二、三級產業或是間隙產業，又因為它把文化／地方特色等納為創意元素的本源，有別於服務業，可暫稱為四級產業，在日本則稱為六級產業（1＋2＋3＝6；1×2×3＝6）雖然界限寬闊，但還是以食、衣、

住、行、育、樂、美、健等民生產業為主。其二是經營心態，工業與服務業是知識科技產業，要求品質、成本、交期、速度，服務等，是要拼才會贏。但創意生活產業是以創意為主軸來結合生活文化，又融合著美學與感受的產業，提供人們歡樂與體驗，在玩中拼事業，讓生命的能量能因此盡情的釋放與舞動。

借腦經營的合作精神

　　「三個臭皮匠勝過一個諸葛亮」，這句耳熟能詳的俗語最能反映出企業互助合作借腦經營之精神。生活即學習，在每天的管理工作上，企業經營者多少會有新的接觸與感受，無論是來自外部的資訊刺激，或是親身的體驗，這些發生在身邊的小故事，往往可以成為別人最寶貴的資訊。

　　在環境多變的時代，為了要在國際競爭中取勝，企業單打獨鬥的時代已經過去，代之而起的就是企業間的互助合作，透過情報交流、經營知識交流、企業資源的整合等「借腦經營」的團隊精神，才能因應知識行銷的時代。

　　舉 2003 年年初在台北發生的合作事件為例，一家國內著名的網路花藝公司，在情人節前夕，推出 99 朵玫瑰花 1,999 元的特惠活動。透過媒體的大肆渲染，及網路行銷，吸引了大台北都會區的年輕族群上網訂購，以當時各花店每朵玫瑰花進價就要 45 元左右，加上網路公司與快遞公司策略聯盟，由其負責在情人節期間發送，讓原本期望在情人節好好賺上一筆的傳統花店，根本無法與該網路公司抗衡，遭受到前所未有的殘酷打擊。

又如在SARS病毒肆虐期間，國內、外觀光休閒產業亦面臨空前的經營危機，位於苗栗一群經營觀光產業的業者，為了度過此難關，紛紛採取策略聯盟的經營模式，推出自然、生態、健康一日遊499元的套裝行程，結果吸引休閒人潮竟比以往還要多，再次顯示企業間必須充分合作，才能在採購、行銷、服務設施等方面達到互補效果，並且透過集體集智的力量，尋找新的創意點子，共同評估、共同分擔風險。

近年來國際經貿環境變遷甚鉅，區域經濟整合已邁入實際運作階段，不同領域的企業相互提攜，將各自擁有的技術、經營、市場通路、專業知識提供出來，透過異業合作，經營者接觸到其他產業領域的知識，往往可啟發其全新的思維，在原產業中迸發出新的創意，研創出新產品或新商機，對於企業往往帶來更可觀之經濟利益，故產業知識交流，對於企業合作將是非常重要的互動模式。

當國內的經營環境愈來愈差，傳統產業紛紛外移，留下來的企業如何在逆勢中成長，已經成為經營者最重要的課題之一，如果只是一味的閉門造車，不但企業的體質無法提升，更會因此喪失許多和同業合作與異業結盟的成功機會，因此，企業除了必須不斷的求改變突破外，更需要有效的掌握市場脈動資訊，開創新契機，追求逆勢成長，以創造有利的生存空間。

讓塵封商圈風華再現

在林蔭古道中，一位伐木工人正拿著鋸子賣力砍伐一棵樟樹，可是鋸了三個小時還是沒能把樟樹鋸倒。一位長者路過，對他說：「你為什麼不先把鋸子磨利以後，再來鋸樹呢？」伐木工人沒好氣地回答：「我得趕在天黑前鋸倒這棵樟樹，哪有時間去磨鋸子呢？」長者的一番好意建言卻反倒招來伐木工人的冷言相對。

從事商圈輔導工作的商圈顧問就可能經常遭遇這樣的情況，無法立即獲得商圈店家的認同，此時除了必須具備商圈輔導的專業與智慧，還要懷抱「歡喜做、甘願受」的服務熱誠，才能協助地方產業、帶動商圈發展。

尤其現在邁入英特爾總裁葛洛夫所稱的「十倍速時代」，強力的競爭對手往往快速出現，而且在你還來不及反應之前就迅速將你打垮。這樣的例子很多，好比一家大型量販店開張，鄰近商圈的傳統零售商店便開始逐漸沒落；又好比隨著信用卡的普及率越來越高、消費者養成刷卡消費的習慣後，那些沒有提供刷卡服務機制的傳統店家，就會逐漸流失特定族群的客戶。這些都在在顯示傳統商圈經營者必須要面對競爭環境的改

變，調整商店經營的做法。

在這樣競爭激烈的市場環境裡，彼得‧聖吉在《第五項修練》中提出的「學習型組織」將是未來推動商圈發展的關鍵成功因素，包括街區店家共榮、共識凝聚、願景共同、自主學習、自我實現等都是商圈發展的重要議題。單打獨鬥的經營方式註定會被時代的洪流所淘汰，彼此競爭的態勢必須轉化爲攜手合作，才能創造商圈的共同榮景。

除了商圈發展共識的凝聚，商圈深層內涵的彰顯發揚也是商圈能否持續興旺的關鍵。商圈魅力來自於商圈的內涵，就如同民宿的吸引力來自於在地文化、民宿的靈魂來自於民宿的主人一般。遊客來到台北市迪化街商圈，除了具有購物目的的消費者外，其他人多少抱持懷舊的心理前來，懷思五〇、六〇年代大稻埕過往的歷史，就如大溪老街、新埔客家庄會吸引遊客前往，同樣也是出於深層文化的吸引力，顯然遊客對商圈內涵的興趣更勝於表層商業文化。

最後，在這個講求「行銷」的時代，商圈行銷也需以 STP（Segmentation 區隔、Targeting 目標、Positioning 定位）的做法，以選擇目標市場爲起點、以顧客導向爲方針，持續深入探討市場需求並擬定行銷策略，才能維持商圈永續發展的榮景。

用湯與花編織出的新象商機

「生命，要流連在美好的事物上。」這句廣告詞點出了生命的基本價值，每個人的生命有其自我不同的峰迴路轉，於是對於美好事物的認同也有所不同，更交織成繽紛的大千世界。「泡湯」似乎是大眾你我生命中美好的事物之一，於是近年來，從北到南，台灣一直有著溫泉熱，不論是新興高級溫泉飯店或是各地私房之野溪溫泉的發掘，都是熱門話題。今年溫泉法又三讀通過，溫泉及其相關產業的發展，預期將是未來數年台灣休閒產業的明日之星，只是該如何掌握商機，贏得滾滾錢潮，則各有不同巧法。

說起台灣溫泉歷史，源頭即在北投。西元 1896 年，日本大阪商人平田源吾，發現北投溫泉，泉質極佳，因此於北投溪畔設立了台灣第一家溫泉旅館「天狗庵」，至今已有百年的溫泉歲月。溫泉歷史雖源自北投，但北投的溫泉卻由風光而褪色，究其原因，雖然北投溫泉泉質甚佳，卻也抵不過溫泉文化的惡質化，而讓人卻步。業界在發展溫泉休閒產業勢必記取這段歷史，進而考量溫泉文化的優質化，形成觀光休閒產業的良性循環，始能有商機與前景。

　　為塑造北投發展成為台灣及國際休閒旅遊觀光勝地，以及建立優質化的溫泉文化，北投地區不僅加強交通的發展與各項硬體面的改善，同時更以廠商間的實質合作強化軟體面的改善，如水質管理、服務品質管理與餐飲配套服務等，更重要的是結合北投地區的業者，自 2001 年開始辦理新北投「第一屆國際溫泉嘉年華活動」，十分成功地整合地方業者及社區特色，新北投溫泉產業的健康休閒形象開始深植於國人心中，並提升了國際上的知名度。由於有了前次尚屬不錯的經驗，於是 2002 年又繼續舉辦第二屆國際溫泉嘉年華活動，為擴大活動規模與效益，並進而結合陽明山的繽紛花朵與花色，將溫泉與花互相結合拓展成為「湯花戀」，將活動時間及觀光效益延伸至最大，促使遊客能從秋季延伸至春季，假日並有不同主題與遊程可供選擇。

　　這個「湯花戀」主題的發展與設定無異彰顯僅有單獨溫泉的特色，不足以吸引顧客，透過湯與花的結合，又形成新話題，引領出新商機。我們必須對提出「湯花戀」這個創新思考主題的夥伴致敬，也由於湯花戀活動的舉行，除展現北投地區深層的溫泉文化外，也將北投地區具歷史代表性的古老建築物與社區軼事加以組合，營造出「生活環境博物館」之概念，將社區觀光與社區營造之理念加入，再搭配媒體的參訪介紹，使得「湯花戀」不僅只是商機，更增添文化意涵。這種異種主題

的結合與深度文化意涵雖然仍有待持續推動與內化，但相信持續貫徹這個主軸，應該能夠打造出新優質化的溫泉文化。

　　類似「湯花戀」主題的規劃主辦，不但增加了觀光人潮與商機，也帶來了經濟利益的好處及居民榮譽感的提升等；相對的，也誘發出新的觀光衝擊，如遊客某些行為干擾或造成居民生活的影響，或觀光的創利效果分配不均，形成功利主義損害原先的互助合作關係，積極的硬體建設反而破壞社區自然與人文資產，這是在舉辦類似活動必須審慎考量的問題，唯有真確瞭解及掌握這些課題，才能讓優質的溫泉文化持續發展，不致曇花一現而任其風華凋零。

鮮活城市風貌的街道家具

　　台灣早期城市雜亂無章曾被外人嘲諷像豬圈，現在這個觀點可能正在逐漸消褪。國家的整體印象由代表的城市與街道所構築而成，其中有許多元素，可以形塑出其特有的風貌與魅力。以空間而論，包含了重要建築與景點、廣場與休憩（開放）空間、公共藝術與街道家具等等；在巴黎以各歷史建物與廣場空間為代表，在阿姆斯特丹是運河與瘦長的街屋，在紐約則是時代廣場與各博物館。每個城市因為其不同的空間元素，而有了各自的空間張力與吸引力。都市的魅力在於其前瞻與細膩的都市計畫與設計，以及其豐富與多樣性，而街道家具是其中一個小而重要的角色。

　　巴黎──兼具歷史性與現代感的紀念性建築所建構起的地景，如艾菲爾鐵塔、羅浮宮廣場、奧塞美術館等。走在這些建築物間，你會被其街道家具所吸引，比如說，里夏爾─勒努瓦大道上的鑄鐵護樹蓋板，布宏（Buren, Daniel）所設計的雕塑柱列，路邊隨處可見的公共廁所，以及香榭麗舍大道上咖啡館前的令人想坐下來的咖啡座，及其模矩化的鋪面和現代精神的街道家具，巴黎是一個集眾人之手所創造的結晶。

台灣隨著現代都市與空間管理機制的進步，都會環境中的需求就更多元化了；目前的都市（街道）家具概念多未受重視；況且，政府各部門執掌著不同的設施物（例如電話亭由電信局執掌、公車亭由公車處管理、座椅與路燈則是由養工處負責等……），諸多的分工機制，將都會環境中的視覺景觀分化的不甚協調；現今較為前瞻性的街道家具設計，是以整體性的空間考量為基礎，創造出優質與舒適的空間視覺。

台中市最近在各重要地標建築旁，出現了近三、四十座的新式街道家具，堪稱為台中的都市新景。另一波街道家具的改造，也於台北出現。目前在市府廣場後，有一座候車亭，是由美國知名的建築師李察‧邁爾所設計。期望市民在街道的空間中，體驗到休憩及獲取訊息等各種活動的豐富度，這些棚架空間，是以透光性及夜間燈光等設計，吸引市民的好奇，進而提升空間的品質。城市光廊——高雄市景的美麗起點，則是在公共藝術的命題下，將藝術家與空間規劃整合在同一個空間中；藉由公共藝術的設置方式，進行空間改造的藝術性工作，形成一條以光為主題的意象之街，也將民眾拉進到一種親身參與的審美經驗裡。台北、台中與高雄近日來引用的新街道家具模式，搭配上廣告與認養的整合做法，減少了政府的負擔，這些機制將持續影響未來台灣的都市景觀。

我們期待台灣的都市或街道風貌，隨著政府與民間的共同

營造，以突破性的思維與做法，提供市民完整功能的服務設施，同時又創造出豐富有趣的都市紋理與空間；甚至，都市的現代化朝向國際化更跨進了一步。

打造迪化老街的新活力

　　近年來，隨著週休二日的實施，人們對休閒生活的日益重視，每逢週末假日，各地觀光遊憩景點湧入大批人潮，伴隨人潮而來的是可觀的商機，如何抓住商機？有些景點耗費巨資建造遊樂設施，滿足遊客追求刺激驚險的心理；有些地方擁有得天獨厚的自然資源景觀，讓遊客得以一窺大自然的神奇魔力；有些地方則憑藉著豐富且別具意涵的文化歷史產業背景，引領著遊客穿越時空，感受濃濃的古意，而老街便是典型的代表了！

　　在繁華的台北市，提到老街，最直接聯想到的莫過於迪化街，在台灣的整體商業發展史中，迪化街扮演著舉足輕重的角色。然而，隨著時代變遷，商業重心的轉移，再加上人們生活習慣的改變，購物中心及大賣場的興起，迪化街過往人車鼎沸、門庭若市的景況已不復見，甚至有每況愈下的趨勢；因此，為了振興迪化街，重現大稻埕風華，台北市政府投入許多經費，從 1996 年開始舉辦年貨大街，迪化街平日的靜謐氣息，瞬間充斥著店家小販的吆喝聲與採買年貨看熱鬧的人群，在「古早生意歹賺」的二十一世紀裡，一年一度的年貨大街活

動，似乎找到了專屬於迪化街的地方特色，也彷彿讓迪化街回到了往日商賈雲集的風華歲月。

中衛發展中心進行迪化街商圈的輔導工作，係希望透過完整的組織運作、經營管理、行銷公關等多元面向，將迪化街店家集結整合，形成商圈的概念，重塑迪化商店街的新形象，以因應競爭日益激烈的大環境。從消費者問卷調查、個別店家的訪談及多次交流座談會中發現，一般民眾到迪化街多屬於目的性消費，其中，以家庭主婦居多；另一方面，多數店家在迪化街經營開業已久，再加上許多業者年齡層偏高，在經營管理上較為保守謹慎，多持守成態度，無法透過創新及創意吸引年輕族群進駐，老街古老的歷史文化、產業特色、古蹟建築，在此時似乎成為一種無形的包袱，難道老街區就得淹沒在新時代的洪流裡嗎？當然不是！

在熱鬧繁華的台北市，恐怕找不到其他像迪化街這樣兼具歷史背景、多元產業、人文建築與宗廟文化特色的地方了。街上意醞著濃濃的傳統氛圍，但卻又可見外國人穿梭其間展開一場尋寶之旅。我們看來古老，對外國人而言卻是最時髦的逛街地點，因此，在觀察到這樣的現象後，中衛中心便著手進行迪化街的活力塑造，透過媒體公關的操作，結合舊產業與流行創新的元素，向世人展現迪化老街的新活力。時下流行的創意拼布 DIY、瘦身美容中藥飲品，在迪化街應有盡有。另一方面，

藉由主題活動的舉辦，如粽夏大街、秋月大街，結合商品與節令，讓迪化街不是只有一年一度的年貨大街而已，來到迪化街，隨時都有新玩意兒。此外，為了吸引更多元而廣泛年齡層的消費族群，與 DIY 雜誌合作舉辦教學課程，另一方面，利用週末在永樂廣場舉辦活動，塑造整體休閒意象，讓迪化街成為兼具購物消費與觀光休閒的新天地。

　　漫步在迪化街，細數街上一磚一瓦舊商舖，與看不盡的牌樓建築，呼吸著屬於舊時空的古早氣味，難怪在日本的導覽中寫著「迪化街是最適合進行一場『氛圍氣散步之旅』的所在」，懷舊的氛圍在繁華的城市裡正逐漸蔓延，而迪化老街的新活力正等著你來體驗。

「大溪陀螺爭霸」的老城新象

　　「地方特色」顧名思義即為該地最具特色的表徵，可能是特產，也可能是文物，往往會深富當地歷史或人文涵義，乃至於具有商業性意義。但每個地方不一定都有地方特色，能否加以塑造地方特色？或是運用既有的地方特色加以重整組合以再造新象？

　　成功的地方特色除了能作為當地的圖騰象徵之外，更可作為引發遊客購買慾，以作為紀念價值，可謂兼具商業及文化的特性。近年來，在政府政策的大力推動與重視生活休憩趨勢下，各風景點人潮聚集及商業聚集區紛紛興起，遊客及消費者也大幅增加，進而促使地方特色對於風景點及商業聚集區的重要性也大幅上升，因而衍生出「以地方特色辦理地方活動」的本土性及在地化風潮。

　　舉凡三義的「木雕藝術節」、新屋及白河的「蓮花季」、鶯歌的「陶瓷嘉年華」、花蓮的「石雕節」和綠島「飛魚祭」，都是大家耳熟能詳的活動。這些活動最大的特色，就是都以地方特色為活動主題，而值得大家加以關心的是，這些活動已成為大規模的常態性活動，並為地方吸引人潮，也帶來商

機。也就是說以地方特色為主題來辦理活動，已是近年來辦理大型活動之風潮。

中衛中心在輔導桃園大溪老城區形象商圈的三年時間中，曾於當地辦理過各式各樣的主題活動、事件行銷或促銷活動，各有不同效益。大家都知道，大溪的在地條件極佳，依山傍水、風景秀麗，同時，大溪商圈內更是人文薈萃、歷史悠久，還具有富研究價值的巴洛克立面建築，無論是生態、風景、文化、產業或建物，大溪老城可謂處處有特色。因此，若要在大溪辦理活動，其活動主題是很容易訂定的，例如「神恩、豆香、木器馨」、「月光（餅）關懷之夜」、「老城巡禮」等等，都是活動主題明確、活動意象強烈的活動。但基於中衛在大溪形象商圈所進行的輔導，主要是推動「商圈更新再造計畫」，計畫主要目的就是將國內目前的商圈賦予新意象，進而將其塑造成形象商圈。

因此，在輔導大溪商圈的過程中，一直在思考一個問題：大溪商圈的木器、美食、文化、建物向來給人極為深刻的印象，但本著塑造形象商圈的本意，是不是應該為大溪形象商圈創造一個老幹新枝的「商圈元素」以活絡大溪老城？但老城新象應如何發展，這個問題卻在大溪鎮極為盛行的童玩運動——打陀螺，得到了答案。

陀螺是我國的國粹童玩，由於大溪的和平老街本來就是台

灣的木器童玩重鎮,所以在大溪,無論是男女老幼都擅於打陀螺,可謂是當地的國民運動,尤其是大溪美華國小,更有國內外馳名的陀螺隊。可是大溪陀螺意像卻無法發散出來,當觀察注意到這個現象時,老城新象的發展方向也就很明顯了。因為只要將陀螺意像與大溪既有的特色加以組合,就是大溪新的文化生命!

因此,在 2002 年度 8 月時,中衛中心便於大溪形象商圈辦理了「大溪陀螺爭霸」活動。這次活動的內容,完全是以「陀螺」為主題,加以結合大溪既有的特色設計。依照傳統的觀念,陀螺的玩法就是「打」、「轉」,但在這次的活動中,特別安排了「彩繪陀螺」親子活動,邀請彩繪大師來「畫」陀螺,讓陀螺從童玩升級成無價的藝術收藏品,使得原先一個零售價五十元的陀螺,在經過藝術家巧手加工後,成為上千元的紀念品或藝術品。當然,整體活動內容還包括了陀螺教學、陀螺表演等等。而值得一提的是,這項活動經由媒體的介紹而延燒開來,經年累月於大溪地區致力於發揚陀螺文化的團體,如美華國小、一代陀螺王等,使得以向各界展現其老城陀螺新象經營的成果,更進一步奠定大溪為台灣「陀螺之城」的地位。

透過活動重整組合地方特色的手法,將可賦予地方特色的新生命,巧現文化意涵,並創新地方意象。此外,中衛中心將協助大溪鎮公所辦理「大溪陀螺節元年」活動,希望未來本系

列活動能持續加溫，散發一股迷人的風采，媲美宜蘭的童玩節活動，成為大溪地區每年固定的活動慶典。

新埔傳薪的創意經營

　　新埔是北台灣新竹縣的客家小鎮，為歷史悠久的農產果鄉，人口約三萬六千餘人，民風樸實，克勤克儉。鎮民多以務農為主，獨特的九降風丘陵氣候造就出特有的柿餅製造技術，柿餅產量佔全台九成以上，形成新埔柿餅製造的地方特色產業。

　　由於台灣加入 WTO 後的市場開放衝擊，使得新埔柿餅的地方特色產業面臨大陸產品低價競爭的考驗與挑戰。如何運用新埔柿餅製造技術的優勢，再擴大結合其文化歷史資產或新的活力元素，以誘發在地居民的熱情與創意，實是新埔柿餅產業持續發展的重要關鍵。

　　事實上，新埔柿餅的地方特色產業所面臨的課題，正是台灣目前各地方產業所面臨的共同課題。綜觀地方特色產業的發展趨勢，其問題的核心與解決之道，仍在於地方產業經濟的活絡與交易熱度，無論是地方文化延續或是社區營造工作都與其具有密切關係，更是地方特色產業永續經營的重要關鍵因素。活絡地方經濟的思考點，可以考量如何滿足或促進都會人口在地方消費，甚至將都市資金轉移於地方產業上。延伸這樣的觀

念，舉凡在新埔所舉辦的各式行銷活動，以及地方特色產品的開發，乃至於將產品、景點與地方特色文史相結合，其主要目的都應該以吸引台灣都市人口的參與和刺激柿餅產業的終端需求為基本的考量。

在新埔地方特色產業的推動上，先思考如何在傳統的柿餅加工產業加入活化元素，這可從產品、經營、行銷等三方面著手切入。於產品面的創意提升，是運用柿餅加工技術的轉換，如改變柿餅的形狀（跳脫柿子圓扁既有形狀到條狀式柿餅的加工等）及柿餅的品牌化，另外也可加強開發非柿餅產品本身的衍生產品，如運用新埔的九降風及新竹玻璃的條件結合開發具新埔柿餅意象的風鈴，以及產品重新包裝設計。

在柿餅加工經營面的創新，則考量提高消費者與地方產業經營的經驗感受交流的介面，於是輔導規劃建立「柿餅加工教育園區」，或是體驗式休閒農場及現有工廠轉型為觀光化的構想更好。在行銷面是追求柿餅多元的通路，維持既有的批發通路，如百貨、便利商店及網路行銷通路等。

另外每年在柿餅產季時，舉辦柿餅文化節活動（柿季風情、新埔新柿界、柿民體驗等），搭配新穎又有特色套裝遊程的規劃，再結合媒體的宣傳擴大活動效果。

在地方特色產業的推動過程中，所在區位的環境保護，依其所擁有的農產或產業基礎、創造出獨有的特色，避免落入同

質化命運，是地方特色產業永續發展的必要路徑。

　　中衛中心在積極投入台灣地方特色產業的推動工作上，是用宏觀的視野來規劃，整合相關公私資源，融入創新的意念，著手於各項具體可行的實施方案。在實施過程中，特別尊重在地精神，努力扮演活絡地方產業經濟的謀合媒介角色。

商圈嘉年華會的資源整合

　　某商圈的新任理事長與商圈成員討論應如何籌措商圈自主活動財源？該如何動員店家力量進行促銷活動？又如何爭取政府或贊助企業的補助……等等，這一連串棘手的問題，相信不只是這位新任事長的疑惑，對任何一位商圈意見領袖或是關心商圈發展的店家而言，都是一個亟欲突破與解決的重要課題。

　　對許多曾接受政府單位輔導的商圈而言，嘉年華會的組織運作、活動設計、甚至經費募集等議題，原先是由專業顧問單位籌劃，商圈內的店家僅需配合即可。當專業顧問單位撤出後，商圈組織即面臨如何接續運作與執行，以及能否持續改善與活化。對國內多數商店街區而言，商圈自治團體扮演關鍵性角色，又如何「糾集人力、經費與活動辦理」更是商店街區持續吸引人潮的重要因素，此時可考量運用嘉年華會來匯集資源。

　　「商圈」顧名思義即是商業交易與活動的區域，而在過程中所產生人與人之間的「物品交換、金錢交易、訊息交換、情感交流」卻是整個場域的核心價值所在。舉例而言，商圈組織

自行辦理嘉年華形式的聯合促銷活動，首先要考慮的是商圈多數店家商品特色為何，是溫泉、是美食、是年輕流行，還是專業聚市，因此，由消費者與店家「物品交換」印象的認定，設計商圈嘉年華活動主題。

在「金錢交易」過程中，可運用活動辦理機會撰寫企劃書，主動邀請上游供貨廠商贊助經費或贈品，由商圈組織提供適度的場所或廣告版面露出，以提升贊助廠商之公益企業形象，並增加活動豐富性。另外，可以聯合折扣或摸彩券方式，提高消費者購買意願，創造參與活動店家業績，並藉由業績成長的店家回饋，提撥比例供作活動辦理經費，此乃為店家、廠商及消費者三贏局面之活動模式。

對於製造商品的企業言，商圈除了是商品展售的場所外，更是各種商情交換的訊息所在。近年來，商品汰換速度與產品週期日益縮短，各廠商除加快研發速度外，在新品發表上，亦多採取直接與消費者接觸的方式。因此，商圈組織可依本身業種特色，企劃與廠商或商品相互結合之活動，諸如新品上市記者會、試用活動、消費者問卷調查等。

台灣商圈多由中小零售業者所組成，店家間彼此多為長期鄰居或是朋友，因此許多商圈組織開會時，就如同街坊鄰居話家常的聯誼會。但商圈組織會議時除具有情感交流外，更應強化其執行各項活動任務之功能性。而組織內各級幹部之豐富人

脈資源或廠商關係，將可成爲商圈辦理各項活動時的強力後盾。目前國內已有商圈組織以其幹部間不同人脈及廠商關係，形成「商圈人脈資源網絡」，並在商圈活動辦理時提供必要的協助。另外，活動辦理前動員商圈幹部，以「道德勸說」方式沿街進行各店家及住戶之活動募款，亦是國內許多商圈自主辦理活動之主要經費來源。

所有商圈嘉年華活動的辦理主體在於商圈組織及店家，絕對不是他人可以主導的。因此，商圈組織及幹部必須先了解自身商圈業種特性及相關資源狀況，善用各項有用關係，以創造商圈活動利基。畢竟在人救之前還是要先自救，各項資源的整合仍然要靠自己，不是嗎？

臺灣商務印書館「經理人系列」精選推薦書——

經理人02

《CEO這麼說

——突破變局的領導名言》

作者/朱家祥　定價/ NT$300

（團體訂購，另有優惠）

傾聽山姆・沃爾頓；傾聽傑克・威爾許；傾聽華倫・巴菲特……，傾聽全球頂尖CEO的醒世名言重現。藉由作者幽默機趣的筆法，讓您領會改變變局的世紀說服力！

聯合推薦：

朱教授援引了許多經濟學家與華爾街經理人的箴言，其中有深刻、嚴肅、詼諧、戲謔不同的風貌。本書加入了作者個人的評論，用輕鬆的觀點來闡明金融市場的運行法則，如果您是初學的投資人，推薦您把這本書讀一遍。如果您想成為終身的投資人，一年之後，再唸一遍。

台灣金融研訓院院長 薛琦

朱教授的這本執行長雋語錄，提供了數十位專業經理人在企業管理上深刻的體驗，內容生動，發人省思。作者的評論簡潔，但訊息含量高，堪稱擲地有聲。對於時間寶貴，無暇深究大部頭管理理論的經理人，這是一本短時間可讀完，卻又獲益良多的小冊子。

戴爾電腦總經理 石國揚

管理講求的是形而上的原則。無為而治、分工授權或集權管理，不論何種模式，全是原則的運用。專業則是實行的細節。對有相當經驗的經理人而言，這本書具有原則再提示的作用。

王品集團董事長 戴勝益

臺灣商務印書館「經理人系列」精選推薦書——

經理人03

《EMBA的第一門課》

作者/葉匡時 博士
　　　/俞慧芸 博士 合著

定價/NT$500

（團體訂購，另有優惠）

風靡兩岸的EMBA課程，是目前最熱門的話題，企業名人紛紛投入學習行列，想成為企業精英的您更不能錯過！本書作者教您如何管理、如何領導及如何讓組織成長，引領您進入EMBA的第一門課！

聯合推薦：

作者將西方最新管理理論做了完整的消化，然後參考在地實務撰成本書，希望各界人士也能撥冗讀它，共同來體認管理的本質，提升管理能力。

　　　　　　　　　　　寶華銀行董事長、前中山大學校長 劉維琪

葉教授這本《EMBA的第一門課》不僅驗證了我創業多年的經營理念，也非常契合我在台大修習EMBA的學習心得。

　　　　　　　　　　　　　　　　燦坤實業董事長 吳燦坤

葉教授特將其多年之學、教與實作的心得出版了《EMBA的第一門課》。書中處處充滿了針對國內管理文化特有的情境而做的評論與建議，更是一針見血。

　　　　　　　　　　　　百略醫學科技公司董事長 林金源

這本書讓我對管理產生很多新而有用的看法，我相信讀者一定可以從中受益並應用到實務界，同時也會體會到理論的力量。

　　　　　　　　　　　　　　中山大學管理學院院長 蔡憲唐

國家圖書館出版品預行編目資料

協合力：中衛體系提升企業經營綜效 / 蘇錦夥著.

-- 初版 . -- 臺北市： 臺灣商務, 2004[民93]

面； 公分 . --（經理人系列；4）

ISBN 957-05-1906-1（精裝）

1. 產業-臺灣

555.9232　　　　　　　　　　　　93014087

經理人系列 5 協合力
　　　　──中衛體系提升企業經營綜效

作　　者　蘇錦夥
主　　編　徐桂生
責任編輯　曾秉常
校　　對　古秀基 劉麗蘭 曾秉常 林東翰 王妙玉 曾維貞
封面設計　吳郁婷
書系識別設計　何麗兒
印　　務　林美足
排　　版　辰皓國際出版製作有限公司
發 行 人　王學哲
出 版 者　臺灣商務印書館股份有限公司
地　　址　臺北市10036重慶南路1段37號
電　　話　(02)2311-6118・2311-5538
傳　　真　(02)2371-0274・2370-1091
讀者服務專線　0800056196
郵政劃撥　0000165-1
E - m a i l　cptw@ms12.hinet.net
網　　址　http://www.commercialpress.com.tw
出版事業登記證　局版北市業字第993號

初版一刷　2004年10月
定　　價：新臺幣 300 元
ISBN　957-05-1906-1